W0231847

Liebe Mitmenschen, denkt daran:
Wir haben das Leben und unsere Heimat
und euch geliebt. Wir sind
lebendigen Leibes verbrannt.
Unsere Bitte an alle:
Mögen euch Trauer und Leid
Kraft und Mut geben,
damit ihr für immer Frieden
auf Erden stiftet.
Damit nie und nimmer das Leben
im Sturm des Feuers erstirbt!

Mahnung und Bitte der Toten von Chatyn

Politische Pilgerfahrt nach Chatyn

Eine Reise für Frieden und Versöhnung
in die Sowjetunion

Berichte · Eindrücke · Reflexionen

*Mit Unterstützung der Arbeitsstelle
für Erwachsenenbildung der Evangelischen
Kirche in Hessen und Nassau
herausgegeben von Elisabeth Roth
und Fred Dorn*

Gütersloher Verlagshaus
Gerd Mohn

Fotos und Abbildungen: S. 2 und 35: Rainer Müller, Offenbach. –
S. 26: Hanspeter Neumann, Düsseldorf. – S. 62: Joachim Dietermann,
Frankfurt / M. – S. 88: Hellwig Wegner, Frankfurt / M.

CIP-Titelaufnahme der Deutschen Bibliothek

Politische Pilgerfahrt nach Chatyn: eine Reise für Frieden und Versöhnung
in die Sowjetunion; Berichte, Eindrücke, Reflexionen /
hrsg. von Elisabeth Roth u. Fred Dorn. –
Gütersloh: Gütersloher Verl.-Haus Mohn, 1989
ISBN 3-579-01999-6
NE: Roth, Elisabeth [Hrsg.]

ISBN 3-579-01999-6
© Gütersloher Verlagshaus Gerd Mohn, Gütersloh 1989

Das Werk einschließlich aller seiner Teile ist urheberrechtlich geschützt.
Jede Verwertung außerhalb der engen Grenzen des Urheberrechtsgesetzes
ist ohne Zustimmung des Verlages unzulässig und strafbar. Das gilt
insbesondere für Vervielfältigungen, Übersetzungen, Mikroverfilmungen
und die Einspeicherung und Verarbeitung in elektronischen Systemen.

Umschlaggestaltung unter Verwendung eines Fotos
von Hans-Jürgen Rojahn, Langen
Gesamtherstellung: Clausen & Bosse, Leck
Printed in Germany

Inhalt

Die nächsten Schritte

Umkehr in die Zukunft –

Eine Reise von 150 Deutschen nach Moskau, Minsk und Chatyn

Der Anlaß

Das Millennium – die Tausendjahrfeier der Taufe Rußlands – war der Anlaß für die »Politische Pilgerfahrt« nach Moskau, Minsk und Chatyn. Im Christlichen Friedensdienst in Frankfurt hatte sich eine Gruppe zusammengefunden, die Christen aus der BRD einladen wollte, vor dem Hintergrund der Feiern zur Christianisierung Rußlands zu jener Gedenkstätte zu pilgern, die für alle Zeit an das unsägliche Leid erinnern soll, das deutsche Soldaten in den Kriegsjahren 1941 – 1944 Menschen in der Sowjetunion zugefügt haben.

Zur Feier des tausendjährigen Bestehens der christlichen Kirche in Rußland und zur Erinnerung an die Befreiung von der national-sozialistischen Schreckensherrschaft in Europa lud der Christliche Friedensdienst Christen in der BRD ein, die Begegnung mit Menschen in der Sowjetunion zu suchen, um ihnen

- die Schuld unseres Volkes zu bekennen;
- für unsere Befreiung zu danken und sie
- um Zusammenarbeit zu bitten.

Der Bezug zur gemeinsamen christlichen Tradition wurde mit der Bezeichnung »Pilgerfahrt« angedeutet. Wenn sich vor dem Hintergrund gemeinsam verpflichtender Tradition das Geschehene erst recht jeder Deutung und Erklärung entzieht, so signalisiert die Benennung der Fahrt als »Pilgerfahrt« doch auch, wie allein die die

Stätten der Erinnerung aufsuchenden Nachgeborenen einen Weg in eine Zukunft ohne Feindschaft und Haß finden können:

- in der Erkenntnis der lange verschwiegenen Wahrheit der unvorstellbaren Verbrechen von Deutschen an Menschen in der Sowjetunion;
- in der Übernahme der Verantwortung, die aus dieser Schuld erwächst;
- in der Annahme der erbetenen Vergebung und dem Vertrauen auf die Echtheit der uns entgegengebrachten Bereitschaft zur Versöhnung und
- in der sich daraus ergebenden Verpflichtung, alles dafür zu tun, daß »nie und nimmer das Leben im Sturm des Feuers erstirbt«.

Nur so ist eine Umkehr in die Zukunft möglich, und so verstanden war diese Fahrt von 150 Christinnen und Christen auch eine »politische« Pilgerfahrt.

Die Planung

Samstag, 7. Mai 1988

9.30 Uhr Reisesegen durch Helmut Gollwitzer in der Evangelischen Dreifaltigkeitsgemeinde, Frankfurt
12.45 Uhr Abflug mit Aeroflot
18.05 Uhr Ankunft in Moskau (Ortszeit)
19.00 Uhr Abendessen im Flughafen
Begrüßung durch Vertreter des Sowjetischen Friedenskomitees,
Vorstellen der Begleitenden und Dolmetscherinnen
22.00/ Abfahrt vom Belorussischen Bahnhof
23.00 Uhr nach Minsk (4-Bett-Schlafwagen)

Sonntag, 8. Mai 1988

10.00 bis	Gottesdienst in der russisch-
12.30 Uhr	orthodoxen Kirche
14.15 Uhr	Stadtrundfahrt und Führung durch das Museum des Großen Vaterländischen Krieges (in Gruppen)
17.00 Uhr	Treffen mit dem Belorussischen Friedenskomitee im Konferenzsaal des Hotels
19.30 Uhr	Besuch von Kulturveranstaltungen bei verschiedenen Gruppen in der Stadt

Montag, 9. Mai 1988

9.00 Uhr	Teilnahme an den Feierlichkeiten zum Jahrestag der Befreiung an der Siegessäule in der Stadt (10.00 Uhr)
11.00 Uhr	Gespräche bei verschiedenen religiösen Organisationen
14.30 Uhr	Fahrt nach Chatyn
19.00 bis	(Angebot) Spaziergang zu den
21.30 Uhr	Volksfesten in den Parks der Stadt
22.00 Uhr	Nachtfahrt nach Moskau

Dienstag, 10. Mai 1988

14.30 Uhr	Abfahrt zum Friedenskomitee
15.00 Uhr	Eröffnung des Seminars »Wir wollen uns nicht gegenseitig drohen, sondern dienen« mit Experten, Vertretern des Friedenskomitees, der Kirchen, Wissenschaftlern

Mittwoch, 11. Mai 1988

9.30 Uhr	Abfahrt zu den Häusern für die Arbeitsgruppen Gesprächspartner und Themen:

    I. Institut für Weltwirtschaft
       Feindbilder in der Weltpolitik
   II. Literaturzeitung mit Schriftsteller/innen
      Feindbilder und Freundbilder
  III. Friedenskomitee (Ökologen, Psychologen, Ärzte)
     Unser Beitrag zum Frieden im Jahr 2000
  IV. Zeitschrift – Neue Zeit
     Wozu brauchen wir Perestroika in Ost und West?

V. Komitee Pädagogen für den Frieden
Wie müssen wir unsere Kinder erziehen, damit Frieden wächst?
VI. Sowjetisches Frauenkomitee
Frauen für das Leben

17.00 Uhr Abschlußplenum im Friedenskomitee

Donnerstag, 12. Mai 1988

16.00 Uhr Besuch der ganzen Gruppe in Sagorsk, ökumenisches Gebet

17.00 Uhr In Gruppen Gespräche bei einzelnen religiösen Gruppen

Freitag, 13. Mai 1988

Abflug

12.05 Uhr Ankunft in Frankfurt

13.30 Uhr Aussendung

14.00 Uhr Ende des Politischen Pilgerfahrt

Die Reisenden

Horst Ackermann, Bad Homburg
Ute Ahrens, Mainz
Christel Bahlinger, Rümmingen
Günther Bahlinger, Rümmingen
Wilma Bender, Mainz
Volker Bethge, Wyk auf Föhr
Erhardt Beyer, Neuenbürg
Hans Blank, Espelkamp
Emmi Blöcher, Sinn
Kurt Bock, Seeheim-Jugenheim
Doris Böhlmann, Oberursel
Ulrich Börngen, Stuttgart
Dieter Borschel, Hungen

Erdmuthe Borschel, Hungen
Christiane Busch, Dornstadt-Boltingen
Christoph Busch, Frankfurt / M.
Heinrich-Nikolaus Caspary, Darmstadt
Andrea Cimbal, Budenheim
Helga Dähne, Stuttgart
Irene Dänzer-Vanotti, Düsseldorf
Ingrid Dehn, Düren
Joachim Dietermann, Frankfurt / M.
Johann Dinter, Frankfurt / M.
Rudolf Dohrmann, Frankfurt / M.

Urs Dohrmann, Wittlohe
Fred Dorn, Kassel
Helga vom Dorp, Aßlar-Werdorf
Hans Karl vom Dorp, Aßlar-Werdorf
Gerhild Dümchen, Binzen
Gerhard Dümchen, Binzen
Birgid Eberhardt, Frankfurt/M.
Annette Ehrbeck, Freiburg/Br.
Joan Elbert, Paris/Frankreich
Konrad Elsässer, Frankfurt/M.
Jörg Engelmann, Darmstadt
Heribert Fachinger, Frankfurt/M.
Marlies Flesch-Thebesius, Frankfurt/M.
Elisabeth Flettner, Hattersheim
Ellen Funiak, Offenbach
Christoph Geist, Linden
Karl-Heinz Georg, Haiger
Hans Michael Germer, Darmstadt
Lore Gerster, Braunfels
Gerlinde Gonschorek, Rümmingen
Herbert Gräßer, Stuttgart
Rudolf Grote, Northeim-Stöckheim
Doris von Haake, Bovenden
Friedhelm Hahn, Diez
Thomas Harsch, Bad Vilbel-Heilsberg
Holger Haupt, Darmstadt
Paulander Hausmann, Wethen
Klaus Hebler, Berlin
Elke Heckert, Frankfurt/M.
Edith Hege, Aßlar-Werdorf
Joachim Heintze, Wiesbaden-Auringen
Marianne Heintze, Wiesbaden-Auringen
Christine Hermes, Winsen
Erich Hinderer, Herrenberg
Ursula Höfmann, Stuttgart

Wolfgang Hönisch, Oyten
Konrad Hoffmann, Bad Homburg
Karl-Heinz Joseph, Stuttgart
Rose Kallenberg, Stuttgart
Dorothea Kerschgens, Seeheim-Jugenheim
Karl Kerschgens, Seeheim-Jugenheim
Klaus Knerr, Frankfurt/M.
Flois Knolle-Hicks, Frankfurt/M.
Dietrich König, Stuttgart
Mechthild Kraatz, Lich
Doris Kreuzkamp, Niddatal
Norbert Kreuzkamp, Stuttgart
Jörg Krüger, Oberursel
Sabine Kuhlmann, Bad Homburg
Konrad Langrehr, Bremerhaven
Jutta Lang-Waegele, München
Werner Lechtenfeld, Oberursel
Rosi Leitner, Oraison/Frankreich
Karlheinz Lewandowski, Petersberg
Elisabeth Löffler, Frankfurt/M.
Paul Löffler, Frankfurt/M.
Herbert Marquardt, Grünberg
Uschi Marquardt, Grünberg
Eleonore Marx, Darmstadt
Hans-Jürgen Meyer, Hannover
Rüdiger Michel, Kassel-Wilhelmshöhe
Rainer Müller, Offenbach
Hanspeter Neumann, Düsseldorf
Markus Niedt, München
Doris Nott, Dortmund
Ellen Österle, Singhofen
Kurt Österle, Singhofen
Wilhelm Oetken, Dillenburg-Donsbach
Alexander von Oettingen, Darmstadt
Helga Paulusch, Hochheim
Waldemar Pisarski, Dachau

Konrad Pöpel, Hildesheim
Peter Pulverich, Haiger
Jakoba Rauterberg, Lehrte-Sievers-
hausen
Klaus Rauterberg, Lehrte-Sievers-
hausen
Theophil Rayer, Heusenstamm
Hartmut Reinhardt, Hann. Münden
Wilfried von Rekowski, Speyer
Mattias Riemann, Winsen
Karin Ritz-Schmeil, Flensburg
Rolf Roeder, Büttelborn
Eva Röger, Wiesbaden
Sibylle Römer, Worms
Hans-Jürgen Rojahn, Langen
Elisabeth Roth, Wiesbaden
Heinrich Ruhemann, Darmstadt
Ruth Ruhemann, Darmstadt
Lore Schäfer, Lich
Volker Schauer, Lübeck
Werner Scheld, Hungen
Doris Schellbach, Steinbach
Jürgen Schellbach, Steinbach
Wolf Schenck, Böblingen
Gudrun Schmale, Frechen
Helmut Schmale, Frechen
Hartmut Schmidt, Frankfurt / M.
Sigrid Schmidt-von Groeling, Hildes-
heim
Hannelore Schüller, München

Elfriede Schultz, Hamburg
Ursula Schulze, Stuttgart
Marianne von Schwichow, Langen
Thomas Seiterich, Niddatal
Hanne Sommer, Pfungstadt
Christa Springe, Mainz
Ilse Staude, Staufenberg
Burkhard Staude, Staufenberg
Maretta Steigenberger, Esslingen
Birgit Tell, Bergen
Thilo Thilenius, Bad Soden
Lieselotte Thumser-Weil, Frank-
furt / M.
Knut Trobitius, Walldorf
Ursula Tute, Hildesheim
Hans Verheyen, Borken
Siegrun Visbeck-Rompel, Sarstedt
Gertrud Voelckel, Alzey
Wolfgang Vogler, Köln
Reinhard Voß, Wethen
Ingrid Wahl, Flensburg
Helwig Wegner, Frankfurt / M.
Wilhelm Wegner, Offenbach
Erich Weiß, Frankfurt / M.
Elfriede Wiech, Rodenbach
Christian Wienberg, Hamburg
Horst Wilczek, Schöffengrund
Horst Jürgen Wohlgemuth, Butzbach
Christopher Zörner, Frankfurt / M.

Reise in die Vergangenheit ...

Auf den Spuren der Väter

Der wohl für jeden einzelnen sehr schmerzhafte Gang auf den Spuren unserer Väter in eine grauenhafte Vergangenheit wäre nicht möglich gewesen, wenn es nicht auch Väter gegeben hätte, die uns *diesen* Weg gebahnt hätten.

Einer dieser Väter ist Helmut Gollwitzer, der vor dem Abflug in der Frankfurter Dreifaltigkeitskirche die Pilgergruppe segnete.

Ein anderer Vater war Martin Niemöller, der zu Beginn des Jahres 1952 als erster hoher Vertreter protestantischer Kirchen in Deutschland gegen den Widerstand aus der Kirche, der Bevölkerung und der Politik in die Sowjetunion reiste.

Als dritten Namen nennen wir Hans-Joachim Iwand, der sich ebenfalls als einer der ersten in den 50er Jahren für Versöhnung und Verständigung mit den Völkern der Sowjetunion eingesetzt hat:

»Es geht alles eigentlich darum, ob der Leib Christi so zerrissen bleiben soll, wie er heute ist, und ein Spielball wird der weltlichen und politischen Interessen, oder ob es gelingt – und es wäre ja fast wirklich ein Wunder, das über unsere Kraft ginge –, die fast tausendjährige Entfremdung zwischen der östlichen Christenheit und uns im Augenblick der höchsten Not zu überwinden. Für mich ist das kein politisches Problem, aber ich glaube, daß die Politik erlöst würde von manchen Voreingenommenheiten, wenn die Christen ausscheiden aus diesem furchtbaren Konflikt, der zwischen Ost und West wütet, und sich hier eine Stätte ergeben könnte, eine Plattform sozusagen, des menschlichen Gesprächs, wo von Schuld und Vergebung, von Liebe und Hoffnung die Rede wäre.«

(Hans-Joachim Iwand in einem Brief an den Freundeskreis des »Hauses der helfenden Hände« am 24. März 1958, abgedruckt in: ders.: Frieden mit dem Osten. Texte 1933–1959, hg. von G. C. ten Hertog u. a., München 1988, S. 125).

Eine Reise von 149 Deutschen in die Sowjetunion – das sind auch 149 Geschichten mit der Sowjetunion.

Diese nüchterne Feststellung einer Journalistin und Fahrtteilnehmerin an der Pilgerfahrt umschreibt am besten, was mit dieser Dokumentation sichtbar werden soll. Wir wollen die unterschiedlichen Motivationen, die Formen der Aufnahme und Verarbeitung der Reise und ihrer Eindrücke mit den Worten der Teilnehmenden wiedergeben. Es soll deutlich werden, daß der gemeinsame historische Hintergrund, dem wir uns annäherten und mit dem wir uns auseinandersetzen wollten, sich individuell sehr verschiedenartig bricht. Darin zeigen sich nicht allein 149 unterschiedliche Geschichten mit der Sowjetunion, sondern auch 149 Formen der Verarbeitung und Auseinandersetzung.

Die hier zusammengetragenen Rückmeldungen von Teilnehmenden an der Pilgerfahrt sind einer Dokumentation entnommen, die unmittelbar nach der Fahrt entstand. Wir legen eine Auswahl vor, die wir nach folgenden Kriterien getroffen haben:

Zum einen soll die Fahrt in ihren einzelnen Stationen nachvollzogen werden können, und zum anderen soll die Vielschichtigkeit der Aufnahme, Verarbeitung und Reflexion dieser Fahrt, angefangen von der Motivation, an ihr teilzunehmen, bis zu den Konsequenzen, zu denen sie geführt hat, transparent werden. Einige, zuletzt geschriebene Beiträge von Fahrtteilnehmenden, sind ein halbes Jahr nach der Fahrt verfaßt: An ihnen wird deutlich, was der Besuch von Minsk und Chatyn in den einzelnen ausgelöst hat.

Wir wollen damit auch Sie als Leserin und Leser in diesen Fragehorizont mit einbeziehen:

Welche Geschichte habe ich mit der Sowjetunion?

Welche Gründe hätte ich, mich auf eine solche Reise zu begeben?

Welche Gefühle lösen die – überwiegend sehr subjektiven – Reiseeindrücke in mir aus?

Alle sehr individuellen, hier wiedergegebenen Eindrücke und Berichte haben einen gemeinsamen, leidvollen Hintergrund: den am 22. Juni 1941 von der deutschen Wehrmacht gegen die Völker der Sowjetunion begonnenen Eroberungs- und Vernichtungskrieg.

Die Wahrheit über diesen Krieg war vielen Teilnehmern vorher nicht bewußt, auch denen nicht, die ihn erlebt, z. T. sogar als Soldaten an ihm teilgenommen hatten. So trat neben den Wunsch, in der Sowjetunion öffentlich um Vergebung für das von Deutschen sowjetischen Menschen zugefügte Leid zu bitten, auch das Bedürfnis, das Land, die Stätten zu betreten, in das die Väter als Soldaten eingedrungen waren und dort nach den Spuren der Väter zu suchen.

Ziel der Kriegführung der deutschen Wehrmacht war es gewesen, die Bevölkerung der Sowjetunion bis zu ¾ zu vernichten und das restliche Viertel zu Sklavendiensten zu zwingen.

Die unmittelbar an der Grenze zu Polen gelegene weißrussische Sowjetrepublik hatte von allen sowjetischen Republiken am meisten unter den Vernichtungsaktionen der nationalsozialistischen Armee zu leiden: Allein in Belorußland (Weißrußland) wurden 209 Städte und Ortschaften zerstört, 9200 Dörfer in Schutt und Asche gelegt. 2 230 000 Bürger – jeder vierte Einwohner – fielen dem Mordterror zum Opfer.

Die zentrale Gedenkstätte für diese Verbrechen trägt den Namen Chatyn, das bis zum 22. März 1943 ein kleines Dorf mit 150 Einwohnern war. Es liegt etwa 60 km von Minsk entfernt und darf nicht mit dem nahe Smolensk gelegenen Katyn verwechselt werden. Das Dorf Chatyn mit seinen ehemals 26 Häusern wurde an diesem Tag durch das SS-Sonderkommando Oskar Dirlewanger ausgelöscht – ein Schicksal, das es mit 186 weiteren weißrussischen Dörfern teilt. Die an seiner Stelle errichtete Gedenkstätte war das Ziel unserer Pilgerfahrt.

In einem von unserer Reisegruppe mitgestalteten Gottesdienst zu Beginn der Fahrt in der Minsker Kathedrale sprachen zwei Fahrtteilnehmer – ein »Vater« und ein Sohn – ein Schuldbekenntnis aus. Metropolit Filaret antwortete und überreichte zum Zeichen der Vergebung drei geweihte Osterbrote. Durch die Teilnahme an Gedenkfeiern zur Befreiung vom Faschismus, die in der Sowjetunion die Form eines Volksfestes haben, sprachen wir unseren Dank dafür aus, daß Menschen in der Sowjetunion auch uns von den Greueln der nationalsozialistischen Herrschaft befreit haben. Unseren Respekt und unsere Ehrfurcht vor den im Krieg Ermordeten bekundeten wir durch unseren Besuch in Chatyn, mit dem wir uns verpflichteten, die Mahnung und Bitte der Toten von Chatyn niemals zu vergessen:

»Liebe Mitmenschen, denkt daran: Wir haben das Leben und unsere Heimat und euch geliebt. Wir sind lebendigen Leibes verbrannt. Unsere Bitte an alle: Mögen euch Trauer und Leid Kraft und Mut geben, damit ihr für immer Frieden auf Erden stiftet. Damit nie und nimmer das Leben im Sturm des Feuers erstirbt.«

Den Abschluß der Fahrt bildete ein gemeinsames Seminar mit dem Sowjetischen Friedenskomitee in Moskau zu dem Thema »Wir wollen einander nicht drohen, sondern dienen«. Unter sechs verschiedenen thematischen Schwerpunkten suchten wir, aufeinander hörend, nach Schritten zu einem Frieden im Jahr 2000. Begegnungen mit religiösen Gruppen in Moskau ließen Zutrauen gewinnen in die gegenwärtige Öffnung in der UdSSR.
Fred Dorn

Motivationen

Wie komme ich dazu, auf eine politische Pilgerreise zu gehen?

Im November 1987, ein grauer nebliger Tag, ökumenischer Bußgang zu den Gräbern sowjetischer Kriegsgefangener und Fremdarbeiter in Mainz-Mombach. Ein Gräberfeld von über 3300 Menschen, die hier an Hunger und Erschöpfung starben oder in den letzten Kriegstagen ermordet wurden.

Mit uns auf dem Weg sind Professor Istjagin aus Moskau und

Alexandra Pistunowa, eine Schriftstellerin. Alexandra weint sehr nach ihrem Grußwort. Unter Frauen ist es einfach, sich in den Arm zu nehmen und zu trösten. Beim Zusammensein danach im Gemeindehaus entdecken wir, daß es die Möglichkeit gibt, in Englisch miteinander zu reden. Schnell merken wir, daß es die allgemein menschlichen Dinge sind, die uns interessieren.

Das war für mich ein Anstoß: »Versöhnung mit den Völkern der Sowjetunion« (das Motto der Friedenswoche 1987), das sagt sich so leicht. Aber wer ist das, aus was für Menschen setzen sich diese Völker zusammen? Wie leben sie, was denken sie? Eigentlich weiß ich fast nichts! Alte Literatur gibt kein Bild von den jetzigen Zeiten und dem heutigen Leben. Und in meinem Kopf sind lauter Klischees.

Bei dieser Gelegenheit gibt H. Lechtenfeld den Hinweis auf die geplante Pilgerreise. Ich zögere: Wer fährt schon in die Sowjetunion!?

Dann lese ich: über die Schlucht von Babi Jar (Kiew), wo 1942 in zwei Tagen an die 30000 Juden und Russen ermordet wurden von den Deutschen! Und Aitmatow … und das alles bestärkt mich in dem Entschluß: Du fährst mit! Um russische Menschen kennenzulernen. Um dort als Deutsche »greifbar« zu sein, nicht nur als Tourist. Und – nach dem Motto des Weltgebetstages: »Wenn viele kleine Leute an vielen kleinen Orten viele kleine Schritte tun, können wir das Antlitz der Erde verändern« – um mit den kleinen Schritten auf die anderen zu zuanfangen. Und nach dem Wort Gandhis: »Der Weg ist das Ziel«! …

Es war ein guter Weg, und ich hoffe, er wird weitergehen in beiden Richtungen. Mögen nach uns noch viele andere ihn gehen als »Umkehr in die Zukunft«.

Wilma Bender

Sowjetunion – für mich ein fernes, fremdes Land. Ich kannte keine Russen, verstehe die Sprache nicht. Selbst die kyrillischen Buchstaben buchstabiere ich nur mit Mühe. Dazu Vorurteile, von Kindesbeinen an eingeimpft in der Weimarer Republik, unter Hitler und auch jetzt in der demokratischen Bundesrepublik: Hüte dich vorm Kommunismus!

Im Anbetracht dieses düsteren Hintergrundes war die späte Erkenntnis von den deutschen Greueltaten während des Rußland-Feldzuges bestürzend. Warum habe ich das alles nicht vorher gewußt? Warum wird es verschwiegen? Warum hört man bei uns immer nur von den Untaten der Sowjets am Anfang der Besatzungszeit in Deutschland, warum nie von den Untaten der Deutschen, die vorangingen? Dies alles schien mir Grund genug, an der Pilgerfahrt des Christlichen Friedensdienstes teilzunehmen ...
Marlies Flesch-Thebesius

Auf der Suche nach dem Vater

Ja, ich habe meinen Vater sehr spät kennengelernt; ich war schon 12, als er aus russischer Kriegsgefangenschaft zurückkam, und habe, ohne es zu wollen, nachts oft seine Schreie gehört, sein Weinen, und auf Nachfragen war er sehr stumm; ich habe aber gemerkt, daß er sehr verstört ist, und nur ab und zu, in sehr nahen Stunden zwischen uns beiden, hat er Andeutungen gemacht, und ich merkte, daß da etwas ist, was er nicht mehr los wird. Ich wollte mich jetzt so ein bißchen auf die Suche machen nach einer gemeinsamen Vergangenheit, indem ich den Weg gesucht habe, den er im Herbst 1941 gegangen ist. Er hat vor Minsk gekämpft, hat die Kesselschlacht mitgemacht, ist da auch verwundet worden. Und wenn ich jetzt aus dem Fenster gucke bei der Eisenbahnfahrt, sehe ich irgendwie immer das Heer darüberwalzen und suche meinen Vater mit dem Herzen ...
Siegrun Visbeck-Rompel

Wiedersehen nach 27 Jahren! Im Sommer 1961 war ich Teilnehmerin an einem internationalen Arbeitslager in Arrayou/Südfrankreich. Um ein Freizeitzentrum für französische Lehrlinge aufzubauen, fanden sich Menschen aus vielen Ländern ein, u. a. auch eine Gruppe des Christlichen Friedensdienstes. Besonders beeindruckte mich die Teilnahme von drei Sowjetbürgern. Nie vorher war ich Menschen aus der Sowjetunion begegnet. Der Zweite Weltkrieg und seine Folgen gehörten zu meiner Gegenwart und waren stark in meinem Bewußtsein eingeprägt. Was hatte ich bis dahin über »die Russen« gehört! Mit welchen Ängsten stand ich dem Kommunismus gegenüber!

Die Arbeit im Arbeitslager war vielfältig. Wir rodeten einen alten Weinberg, bearbeiteten Holz zum Aufbau von Blockhäusern, mischten Mörtel und mauerten Hauswände. Wir lachten miteinander, halfen einander, teilten die Mahlzeiten miteinander. Mit Viktor aus Moskau, der als einziger französisch sprach, führte ich viele intensive Gespräche über Probleme und Geschehnisse der damaligen Zeit. Ich machte die mich so stark prägende Erfahrung, daß ich Menschen aus der Sowjetunion traf, die zwar in einem anderen Weltbild lebten und dachten, für die andere Wertvorstellungen maßgebend waren – die aber mit großer Herzlichkeit anderen Menschen begegneten. Ihr Leben wurde von Mitmenschlichkeit getragen. Dies wurde besonders deutlich, als wir vom Bau der Berliner Mauer am 13.8.1961 überrascht wurden. Wie stark zeigte sich ihre menschliche Anteilnahme am Schicksal ihrer Familien!

Aus der Begegnung entstand eine Freundschaft, ein brieflicher Austausch von Gedanken über mehrere Jahre. Erst viel später spürte ich in meinem Leben, daß ich keine Vorurteile gegenüber Bürgern der Sowjetunion entwickeln konnte, weil ich von dort Vertrauen, Aufrichtigkeit und Menschlichkeit erfahren hatte.

Nun war ich Teilnehmerin der »Politischen Pilgerfahrt« vom Christlichen Friedensdienst vom 7.–13.5.1988 nach Minsk, Chatyn und Moskau. Hierbei ergab es sich, daß ich Viktor wiedersah, der noch immer Mitarbeiter am Weltwirtschaftsinstitut in Moskau ist.

Erinnerungen wurden lebendig, die alte Freundschaft in Vertrauen und Herzlichkeit erneuert. Betroffen war ich darüber, daß Victor zu diesem Wiedersehen meine Briefe von vor über 25 Jahren und Bilder vom Arbeitslager mitbrachte.

Mit Dank denke ich an diese Begegnung zurück. Wie wichtig sind persönliche, menschliche Kontakte und Freundschaften. Wir sollten versuchen, solche persönlichen Beziehungen aufzubauen und zu erhalten, hier in der BRD von unseren Begegnungen und Erfahrungen aus der Sowjetunion zu berichten und einen Weg zu vielen Erfahrungen zwischen Bürgern der Sowjetunion und Bürgern der Bundesrepublik zu finden. Ich wünsche mir dies als einen entscheidenden Schritt zur Verständigung und zum gegenseitigen Verstehen und Vertrauen.

Ursula Höfmann

Stationen

Ankunft in Moskau

Ihre Mission der Reue in unsere leidgeprüfte Heimat ist eine gute Pilgerschaft … Verzeihen ist ungemein schwer, aber erforderlich, denn einen anderen Weg gibt es nicht. Christus hat uns aufgetragen: »Verzeiht einander, liebt einander!« Mein Wunsch ist: Überzeugt euch, daß unser sowjetisches Volk ungeachtet der großen Leiden … weder zu Ihnen noch zu anderen Völkern ein Körnchen Haß empfindet … Viel hängt von euch ab, Ihr seid 150! Ihr solltet den Gedanken des Friedens und der Freundschaft aus der Sowjetunion tragen, den Gedanken, daß hier gutwillige Menschen leben, die keinen Krieg wollen, weil sie diesen zu gut kennen … Mein Herz ist voll von der Sehnsucht, in einer einheitlichen christlichen Familie zu leben. Ihre Friedensmission sei gesegnet!

Aus dem Grußwort des Archimandriten Feofan

Der Christliche Friedensdienst hat Halstücher bedrucken lassen. »Umkehr in die Zukunft« steht auf ihnen. Bereits bei der Abreise in Frankfurt haben wir sie umgebunden. An den Tüchern sind wir deutlich erkennbar und auch unterscheidbar.

Auf dem Moskauer Flughafen: Ich habe den Eindruck, daß unsere Gruppe bei den Einreiseformalitäten sehr zügig behandelt wird. Sind es die lila Friedenstücher, die uns bevorzugt sein lassen, oder sind es Vorurteile in mir? Stimmen vielleicht meine Erwartungen und Vorstellungen von dem, wie Russen sind, mit der Realität überein? Ich werde mir diese Frage in den kommenden Tagen noch oft stellen, denn fast alles, was ich in Minsk, in Chatyn und in Moskau erlebe, widerspricht meinem Bild von Rußland.

Wir stehen nach den Zollformalitäten auf dem Flughafen herum. In Grüppchen derer, die sich seit den Vorbereitungstreffen schon locker kennen. Von dem Leitungsteam unserer Reisegruppe kann keiner genau sagen, worauf wir warten: Ob auf die Busse von Intourist, die uns zur Weiterfahrt nach Minsk auf einen der Moskauer Fernbahnhöfe bringen werden, oder ob wir auf das Gepäck warten, oder ob es hier ein Wort der Begrüßung durch das Sowjetische Friedenskomitee geben wird. 149 Stimmen, 149 Geschichten schwirren durcheinander. Ein eigenartiges Bild. Manchem spürt man in seiner Aufgeregtheit an, daß er selten in der Rolle ist, in der er unbestimmt wartet. Viele von uns sind an ihren Arbeitsplätzen selber »Macher« und gewohnt, anzusagen und zu bestimmen, wo, warum und wie lange eine Gruppe zu warten hat.

Da gibt es welche, die möchten die Wartezeit à la Kirchentagsstimmung singend und fröhlich überbrücken. Da gibt es andere, die zeigen sich empört über das Ansinnen der Mitfahrer: »Schließlich sind schon einmal Deutsche singend und grölend ins Land gezogen und haben eine Wüstenei hinterlassen. Wir sind eine Politische Pilgerfahrt.« Es wird nicht gesungen.

Schrecklicher Dieselgestank von den Flughafenbussen läßt mich fast ersticken. Wie halten die Russen es mit dem Umweltschutz? In der Tiefe meiner Seele melden sich wieder Vorurteile.

Es kommt Bewegung in unsere Gruppe. Einer weiß es verbindlich. Die Hälfte der Gruppe wird sofort zum Moskauer Bahnhof gebracht, für die anderen ist ein Empfang und eine offizielle Begrüßung in dem Flughafenrestaurant geplant.

Festlich gedeckte Tische, reichliches Essen und Trinken erwartet uns. Der Archimandrit Feofan ist einer der Begrüßenden. Ich kann ihm gut zuhören. 6 Tage später weiß ich, daß seine Begrüßungsrede nicht hohle Phrasen waren, sondern daß sie die Wirklichkeit der russischen Menschen treffend beschrieben haben. Ich bin – an dem lila Tuch mit der Aufschrift in deutscher und russischer Sprache waren wir leicht als Deutsche zu erkennen – oft von Russen angesprochen worden. Sie haben oft gesagt, wie sehr sie unter den Folgen des Krieges gelitten haben. Jetzt seien sie froh, daß wir gekommen sind und daß Friede ist. Manche haben dabei geweint. Die Geschichte der Millionen Toten, die Grausamkeiten der deutschen Armee sind den Russen gegenwärtig. Ganz anders als mir. Ich bin erschreckt über mich.

Rainer Müller

In der Kathedrale zu Minsk

Wir kommen zu spät. 3 Intouristbusse haben uns bis zur Kirchentür vorgefahren. Der Festgottesdienst in der russisch-orthodoxen Kirche von Minsk hat längst begonnen. Die Kirche ist sehr voll. Gläubige – es sind sicher mehr als tausend Leute – stehen dicht an dicht.

149 Deutsche möchten an diesem Gottesdienst teilnehmen. An den lila Tüchern ist die Reisegruppe leicht erkennbar. Von hinten wird gedrängelt. Wir drängen uns dazwischen. Russische Gottes-

dienstbesucher machen uns eine kleine Gasse. Beschämend für mich, wie sie uns vorlassen und zulassen, daß wir ihre Andacht stören. Wir werden drei Stunden stehen.

Propst Caspary trägt seinen Talar. Er ist ganz nach vorn geleitet worden. Unser Kommen hat den Ablauf der Liturgie nicht im geringsten beeindruckt. Es wird weiter gesungen, gebetet, gehört und geschaut. Die vielen amtierenden Priester und Diakone, dazu der Metropolit von Minsk und Weißrußland halten ihren Gottesdienst. Mich fasziniert die goldene Ikonostase, die Wand mit den heiligen Bildern, die den Kirchraum vom Altar abteilt. Die goldene »Königspforte« gibt ab und an den Blick frei auf den goldenen Altar. Die Gewänder sind aus kostbarem Brokat. Dazu die vielen, vielen Kerzen, die von den Gläubigen in der Kirche gekauft werden und während des Gottesdienstes von eigens dafür bestimmten Personen angebrannt werden.

Einige von uns gebärden sich wieder als hemmungslose Photographen und betreten selbst die Stufen des Altars. Mir nimmt das die Ruhe und auch Andacht. Ich schäme mich. Doch die Gläubigen scheint das in gar keiner Weise zu beeindrucken. Es ist ihr Gottesdienst. Uns lassen sie gewähren.

Ich verstehe von der russisch-orthodoxen Liturgie nichts. Erst zu Hause beim Nachlesen lerne ich den Sinn mancher Gestik oder Symbolhandlung verstehen. Besonders froh bin ich, daß sich mir der Sinn der Segenshandlung erschlossen hat. Der Metropolit hält in seinen Händen je drei bzw. zwei lange brennende Kerzen. Diese fünf Kerzen verschränkt er in immer neuen Bewegungen. Beim Nachlesen habe ich erfahren, daß der zweiarmige Leuchter Dikirion und der dreiarmige Trikirion genannt werden und den Gläubigen die beiden Naturen Christi sowie die Dreieinigkeit Gottes versinnbildlichen. Schwierigste dogmatische Zusammenhänge werden hier auf eine sehr einfache Weise mitgeteilt. Das Verschränken der Kerzen meint das Verschränktsein von Gottheit und Menschheit und den Segen, der davon bei den Menschen ausgehen möchte.

Betroffen machte mich während des Gottesdienstes, daß während der Predigt von Propst Caspary am Ende des Gottesdienstes viele der

russischen Frauen und Männer Tränen in den Augen haben. Tränenerfüllt sah mich eine Frau an. Sie ließ in ihr Gesicht blicken und machte mir damit viel Mut, auf ein neues Miteinander zu hoffen und dafür tätig zu werden.
Rainer Müller

Ansprachen im Gottesdienst

Wir begrüßen unsere Gäste, unsere Brüder und Schwestern in Christus. Und heute, denke ich, sind wir alle gut gestimmt; denn wir haben das Gefühl der Verbundenheit, der Brüderlichkeit und der

Freude über den Herrn verspürt. Und wir haben alle verspürt, wie bitter für den Menschen das Gefühl der Feindschaft ist, wie es gegen seine Natur ist, gegen die Menschen, die ja das Ebenbild Gottes sind.

Heute erinnern wir uns an den Zweiten Weltkrieg. Hier verflechten sich sehr viele Empfindungen. Hier begegnen wir uns, Sowjetbürger und Bürger der Bundesrepublik Deutschland. Sie kamen zu uns mit der Mission des Friedens, mit der Mission der Reue. Es sind schon mehr als 40 Jahre vergangen, seit der Krieg endete, aber die Wunden bluten noch immer. Jede Familie hier in Weißrußland trauert noch um ihre Toten *(Pause)*.

Im Namen der Liebe zu Gott grüßen wir das Volk Ihres Landes, und wir begrüßen Ihre Liebe zum Christentum, zum Frieden und zur Brüderlichkeit, die Sie mit Ihrem Besuch zum Ausdruck bringen. Und wir hoffen, daß Sie spüren, daß Sie überall in unserem Land, in unserer Stadt mit Liebe empfangen werden, mit offenen Herzen.

Wir wollen Frieden, wir wollen Freundschaft und Zusammenarbeit; denn unsere Völker haben in ihrer Geschichte auch gute Gemeinsamkeiten, die wir nicht vergessen, sondern von denen wir berichten und die wir nachahmen wollen. Wir haben nicht nur in Kriegen gegeneinander gekämpft, wir hatten auch gutes Nebeneinander, einen fruchtbaren kulturellen Austausch über viele Jahrhunderte hinweg.

Und nun, liebe Brüder und Schwestern, gedenken wir unserer Landsleute, die für die Freiheit unseres Vaterlandes gefallen sind. Jeder der hier Anwesenden kennt die Geschichte des Landes, seiner Familien – und gedenkt der Väter, der Mütter, der älteren Brüder oder Schwestern, die nicht aus dem Krieg zurückgekehrt sind, die auf den Schlachtfeldern gefallen sind. Wir werden sie nie vergessen, sondern ihrer für ewig gedenken (Gesang »Ewiges Gedenken«). Schöpferische Fähigkeiten und große geistige und körperliche Kräfte wünsche ich Ihnen, damit Sie das Leben und den Frieden erschaffen und alles Gute auf Erden bewahren und mehren, um somit die Liebe unter den Menschen zu verewigen *(Gesang)*.

Metropolit Filaret (Nach einem Tonbandmitschnitt ins Deutsche übertragen von Marita Ganda)

Beim Propheten Jesaja (1,18) lesen wir als ein Wort Gottes: »Wenn eure Sünde auch blutrot ist, soll sie doch schneeweiß werden ...«

Nachdem wir gemeinsam mit Ihnen Gottesdienst gemäß Ihrer altehrwürdigen Liturgie feiern durften, und obwohl Sie uns bei der Begrüßung Vergeben und Verzeihen bereits zugesagt haben, müssen wir uns in diesem Augenblick alle an die schreckliche Vergangenheit des Zweiten Weltkrieges erinnern: jeder und jede von uns 150 Teilnehmern an der »Politischen Pilgerfahrt« auf persönliche und auf andere Weise. Aber alle erinnern sich voller *Scham*: Die Sünde, die Menschen unseres Volkes der UdSSR angetan haben, ist wirklich blutrot. Die unvorstellbar große Zahl von 20 Millionen Menschen wurden getötet. Sie alle mußten ihr Leben lassen, weil der Diktator Hitler in Ihr schönes Land einfiel und ganz bewußt und systematisch unter seinen Menschen morden ließ. Morgen pilgern wir nach Chatyn – der zentralen Gedenkstätte für die Opfer des Krieges in Belorußland. Wer diese Opfer und alle anderen Opfer vor Augen hat, kommt gar nicht um die Frage herum: Wenn Sünde so blutrot ist, wenn Verbrechen so grauenhaft sind, wie hier in Rußland geschehen, können sie überhaupt noch vergeben werden? Diese Frage bohrt in uns.

Sie, liebe Schwestern und Brüder in Rußland, erinnern sich auch: jeder und jede auf ganz persönliche und doch ganz andere Weise als wir. Sie alle erinnern sich voller *Schmerz* an die schrecklichen Ereignisse vor 45 Jahren, für die deutsche Soldaten verantwortlich waren. Wir können Sie, unsere Geschwister im Glauben, und Gott, zu dem wir gemeinsam das Vaterunser beten, nur bitten: Verzeiht uns! Gott, vergib uns!

In einer Erklärung der evangelischen Kirchen in beiden deutschen Staaten vom Januar 1988 heißt es: »Vertrauen in Gottes Vergebung schenkt Kraft zur wahrhaftigen Erinnerung, zur Umkehr, zum neuen Anfang.« Wir sind auf diese Politische Pilgerreise gegangen, um neu anzufangen. Wir machen diese Pilgerreise, um bewußt am 8. Mai und morgen, am 9. Mai 1988, gemeinsam mit Ihnen den Weg wahrhaftiger Erinnerung zu gehen – wir Deutschen – voller Scham. Wir stehen zur großen, übergroßen Schuld unseres Volkes.

Weil Gott blutrote Sünde schneeweiß machen kann – nur er, nur er allein –, darum kann und darum muß in unserer Generation ein Neues beginnen. Weil wir auf Gottes Vergebung hoffnungsvoll trauen, bitten wir Sie, stellvertretend für die Völker der UdSSR, einen neuen Anfang mit uns zu wagen. Und habe der Anfang nur die bescheidene Gestalt einer weltweiten Initiative zum Frieden, die unsere Reise unterstützen und voranbringen will. So kommt wenigstens ein Teil des Reiches Gottes zu uns. Es kann sich stückweise erfüllen, was wir in jedem Vaterunser beten: »Dein Reich komme!«

Wir wollen die tiefe Scham, die wir als Deutsche empfinden, mit der großen Trauer teilen, die Sie als Russen tragen. Vielleicht kann auf diese Weise ein gemeinsamer Frieden wachsen: eine Friedensordnung ohne alle Großmannssucht für das europäische Haus, für Gottes geliebte Welt. Wir wollen unsere ganze Kraft als politisch tätige Menschen, wir wollen unsere ganze religiöse Leidenschaft als Christen für dieses eine hohe Ziel einsetzen: Frieden auf Erden. Das heißt: Frieden zwischen den Völkern, Frieden zwischen den Armen in der Dritten Welt und uns reicheren Nationen im Norden des Globus, Frieden auch zwischen Mensch und Natur. So kann »Umkehr in die Zukunft« geschehen. So kann sich das Motto unserer Reise erfüllen.

Heinrich-Nikolaus Caspary, Propst

Ich bin zum ersten Mal in Ihrem Land, einem Land, in das mein Vater als 25jähriger Soldat der deutschen Eroberungsarmee im Jahre 1941 einzog. Ich schäme mich dafür – und danke dafür, hier empfangen zu werden.

Heute ist der 8. Mai. Sie feiern morgen den »Tag des Sieges«. Mein Vater schrieb am 8. Mai 1946 in sein Tagebuch: »Heute vor einem Jahr – unser traurigster Tag!«

Ich, sein Sohn, möchte hier den Völkern der Sowjetunion dafür danken, daß sie sich und damit auch mich von einem Leben im faschistischen System befreit haben. Zu diesem Dank gehört, trauernd anzuerkennen, daß die Befreiung so viele Opfer gekostet hat.

Auch mein Vater wurde zum Opfer seiner eigenen Taten: Er starb, als ich sieben Jahre alt war, an einer Verletzung, die er sich im Feldzug zugezogen hatte.

Auch deshalb soll mein Dank an die Völker der Sowjetunion darin bestehen, die Arbeit der Erinnerung zu leisten, um die Wiederholung der Geschichte zu verhindern. Das heißt für mich, was das Motto unserer Reise ist: »Umkehr in die Zukunft«. Deshalb bin ich hier.

Jörg Engelmann

Ich bin in Tallinn in Estland geboren. Meine Familie ist zur Zeit Peters des Großen nach Estland gekommen. Mit Weißrußland verbindet mich vieles.

Meine Großmutter ist in Mogiljow geboren, ihr Vater hatte dort eine Apotheke. Der Vater meiner anderen Großmutter war Ing. Oberst und baute den Kanal-Bug-Pripet-Dnjepr. Er ist dabei in Pinsk an Cholera gestorben. Ich erinnere mich, daß meine Großmutter viel von dem Leben in Weißrußland erzählte.

Ich bin 1939 nach Deutschland gekommen und wurde Soldat der deutschen Armee. Ich habe den Krieg in der Ukraine mitgemacht, kam über Lwow, Tarnopol, Krementschuk nach Schachty und war im Winter an der Donez-Front. Im Sommer kam ich bis zum Kuban. Dort bekam ich Gelbsucht und wurde zurück nach Deutschland geschickt. Ich hörte von Partisanen, von Vernichtung und Völkermord. Ich wollte und konnte diese Grausamkeiten nicht glauben. Ich bin hierhergekommen, weil ich mich mitschuldig fühle an den Unmenschlichkeiten des Krieges. Ich habe als Soldat die Faschisten unterstützt. Ich erwarte nicht, daß Ihr mir verzeihen könnt. Ich will mithelfen, den Weg des Friedens zu bauen, damit meine Kinder und Enkel Freunde werden können mit den Menschen in der UdSSR.

Herr Gott, bewahre uns davor, Schuld gegen Schuld aufzurechnen, sondern laß uns gemeinsam weinen über Not und Tod, über Leid und Unrecht – damit Frieden werde auf Erden.

Wortlaut der auf russisch gehaltenen Ansprache von Konrad Hoffmann

Tagebuchauszüge

Ich versuche, einzelne Eindrücke festzuhalten als Schlaglichter, als Stichworte für die eigene Erinnerung.

Flug von Frankfurt / M. nach Moskau:

Ich bin mit viel Angst weggefahren und bangem Herzen. Die Schuld drückt. Die Bewältigung des Antikommunismus hat bei mir nur die rationale Ebene besetzt – Ich habe Angst. Wie werde ich fertig mit meiner Vergangenheit? Kann ich mich verständlich machen? Wird es nicht als Phrase empfunden?

Nachtfahrt im Zug von Moskau nach Minsk:

Ich fahre im Abteil zusammen mit Caspary. Wir besprechen, wie wir uns im Gottesdienst verhalten sollen. Lesen die Texte der 3 Beiträge vor. Ich schreibe meinen Text auf russisch.

Ankunft in Minsk – Umziehen – Frühstück – Fahrt zum Gottesdienst. – Die Mystik der russischen Liturgie umfängt mich irrational wie in meiner Jugendzeit. 3 Stunden stehen und warten; dabei bin ich sehr aufgeregt. – Begrüßung durch den Metropoliten – unsere Ansprachen. Ich spreche russisch, die Worte laufen mir weg. Ich kann nicht mehr umschalten auf deutsch, es spricht sich von allein. Das Innerste ist aufgewühlt. Ich möchte weinen, aber es geht noch. Ich kann kaum bis zum Ende sprechen. – Der Metropolit spricht uns die Vergebung zu als Brüdern in Christo. Wir bekommen drei geweihte Brote.

Konrad Hoffmann, Soldat in der Sowjetunion
während des Zweiten Weltkrieges

Im Nachtzug von Minsk nach Moskau. Christoph B. und ich teilen das Schlafwagenabteil mit zwei russischen Fahrgästen. Der eine fuhr schon von Minsk aus mit, sprach etwas Englisch, und wir hatten uns über diese schmale Brücke ein wenig bekannt gemacht beim abendlichen Tee. Der andere war in der Nacht in Smolensk zugestiegen. Morgens, vor Moskau, saßen wir uns dann beim Tee zum erstenmal gegenüber. Wir merkten: dieser zweite Fahrgast verstand etwas Deutsch und erkundigte sich bei seinem Landsmann, wer wir seien. Mit verschlossener Miene sagte er dann nur: »Ah, Germanski!« Dann zog er seinen Personalausweis hervor und zeigt seinem russischen Nachbarn darin seinen Geburtstag und -ort: Buchenwald. Über den etwas Englisch sprechenden Fahrgast erfuhren wir dann, daß seine Eltern von den Deutschen zunächst ins KZ Maidanek und dann nach Buchenwald gebracht worden seien. Dort sei er zur Welt gekommen, und sie seien durch die Befreiung durch die Amerikaner der Vernichtung gerade noch entkommen. Da hatten wir einige Stunden in einem kleinen Zugabteil friedlich geschlafen, und bei der morgendlichen Begrüßung, beim Tee, diese Geschichte – leibhaftig auf engstem Raum gegenwärtig! Wir verstanden unmittelbar, warum dieser Mann kein Wort Deutsch sprechen wollte, obwohl er offensichtlich etwas Deutsch verstand. Er suchte dann im Nachbarabteil Feuer für seine Zigarette, fand aber keins. Dann bot Christoph ihm Feuer an, er zögerte etwas, nahm es dann aber an – wohl das erste Mal in seinem Leben, daß er von einem Deutschen etwas annahm.

Horst Ackermann

Chatyn

Wir fahren nach Chatyn. Unter Polizeigeleit, damit es schneller geht. Ich nehme die Landschaft in mich auf. Diesen Weg sind vielleicht auch die Soldaten damals gefahren, durch die Wälder, Kiefern, Birken.

Ich hänge meinen Gedanken nach. Ich weiß, daß es schwer werden wird, dieses bewußte Erleben der deutschen Vergangenheit. Ich will diesen Weg gehen, muß ihn gehen. Die Auseinandersetzung mit unserer Geschichte, es ist auch eine Auseinandersetzung mit unseren Vätern. Ich weiß, daß Vater auch in Weißrußland gekämpft hat. Wie vielem konnte er sich entziehen – oder wie vielem nicht? Ich erinnere mich daran, daß ich mich als Kind oft gefragt habe, ob er auch jemanden totgeschossen hat. Ich habe mich lange nicht getraut, ihn das zu fragen, wohl aus Angst vor der Antwort. Vielleicht hat ihn seine Verwundung vor manchem bewahrt.

Wir sind am Wegweiser angekommen. »Chatyn«, in Stein gemeißelt, rechts die Kilometersteine. Am letzten machen wir halt. Noch ein Kilometer, den wir zu Fuß gehen werden. Wir verteilen die roten Nelken. Für jeden und jede eine.

150 Deutsche machen sich schweigend auf den Weg in die Geschichte, die deutsche Geschichte, die Geschichte von 150 Russen, die lebten wie wir – in einem Dorf wie ich – an einem Tag im März, an dem die Sonne vielleicht schien wie heute. Mütter mit ihren Kindern, alte und junge Männer und Frauen, nichtsahnend. 150 Menschen – ein langer Zug – ich wußte nicht, wieviel 150 Menschen sind – jetzt kann ich es mir genau vorstellen. 150 Lebende auf dem Weg zu 150 Toten – die leben wollten wie wir.

Wir sind angekommen. Am Eingang überlebensgroß die Bronzeplastik: Josef Kaminsky, der Dorfschmied, der Überlebende mit seinem 10jährigen Sohn auf den Armen, der fliehen wollte und vor den Augen seines Vaters erschossen wurde. Irgendwo habe ich gelesen, daß es jemandem aufgefallen war, wie viele Überlebende eine verkrüppelte Hand haben. Sie haben ihre Kinder schützen wollen, haben ihnen den Mund zugehalten, sie an die Erde gedrückt, damit ihr Schreien nicht die Mörder aufmerksam machte – und hatten es doch nicht verhindern können; durch die Hand hindurch wurde den Kindern in den Kopf geschossen.

Links das Denkmal, viele Blumen liegen davor. Wir bekennen unsere Schuld, legen ein Bukett hin, einer kniet stellvertretend für alle nieder.

Wir gehen durch das ehemalige Dorf. 26 Fundamente und Schornsteine, restauriert, alles, was von diesem verbrannten Dorf übriggeblieben ist. In jedem Schornstein eine Glocke, alle 30 Sekunden läuten sie, die Glocken von Chatyn, zur Erinnerung, zur Mahnung. An jedem Schornstein eine Tafel mit Namen und Alter derer, die in dem Haus wohnten. 76 Kinder, das jüngste war 7 Wochen alt.

Weite Wiesen, Wälder am Rand des ehemaligen Dorfes, in dem die Menschen lebten bis zu diesem Tag im März.

Die Brunnen, an denen sie sich trafen, an die gelegt wurde, was man fand. Und wer es verloren hatte, wußte, dort kann ich es mir wiederholen.

Rechts war die schwarze Rampe. Hier stand die Scheune, in der die Einwohner lebendig verbrannt wurden. Davor ein weißer Marmorweg, der letzte Weg der Lebenden. Die Menschen wurden aus ihren Häusern getrieben, hinein in diese Scheune.

Mit seinem Vieh war mancher der deutschen Soldaten vielleicht liebevoller umgegangen. Stroh um die Scheune, Benzin daraufgeschüttet und angezündet. Wer aus der Luke fliehen will, wurde wieder hineingeworfen. Oder erschossen. Ich verstehe es nicht. Es waren doch größtenteils auch Männer mit eigenen Kindern, mit Familien, die Soldaten damals. Kann man denn sein eigenes Gefühl so verdrängen, nur weil einer anderes befiehlt? Kann man wirklich Menschenverachtung lernen – oder sich befehlen lassen?

Ich muß allein sein zwischen diesen Zeugnissen der Grausamkeit. Ich laufe auf der verbrannten Erde, auf der das grüne Gras wieder wächst und Blumen, als wäre nichts geschehen. Es ist sehr still – nur alle 30 Sekunden rufen die Glocken. Vielleicht war eine Mutter damals gerade mit ihren Kindern auf der Wiese, einer hackte Holz, Kinder spielten Nachlaufen. Drei Kinder waren gerade bei ihrer

Tante zu Besuch im Nachbardorf. Die sind davongekommen und haben ihre Eltern nie mehr gesehen. Und der Junge, der sich tot stellte, als man auf der Flucht nach ihm schoß. Er rannte dann mit letzter Kraft ins Nachbardorf, berichtete, was geschehen war.

Ein Weg führt vorbei an vielen Nischen, in jeder ein Gedenkstein für zerstörte Dörfer, KZs, Orte des Schreckens, nie gehörte Namen. Aus einem Dorf wurden alle 8- bis 12jährigen Kinder zum Blutspenden abgeholt, für die Soldaten. Man zapfte ihnen so viel Blut ab, daß sie alle starben.

Meine kleine Tochter Diemuth ist 8 Jahre alt. Ich möchte schreien, es tut so weh. Ich kann nur stumm sein, die Tränen laufen lassen. Warum, warum, warum?

Über 9000 Dörfer kaputtgemacht, fast 500 systematisch niedergebrannt mit den Einwohnern. 20 Millionen Menschen in Rußland tot. Anschreien wollen gegen dies alles. Nichts mehr daran ändern können, es ertragen müssen. Ich halte mich an meiner roten Nelke fest. Ein Hoffnungszeichen? Daß das Leben weitergeht, soviel Blut auch schreit?

Ich stehe vor den Namen aller vernichteten Dörfer – in Stein gehauen, so angeordnet, daß sich Baumformen daraus ergeben. Überall ein Zeichen des Lebens an der Stätte des Todes. Hier lege ich meine Nelke hin. Daneben 3 Birken und eine ewige Flamme. Zeichen dafür, daß jeder vierte Belorusse umgekommen ist.

Ich gehe wieder zurück, lese Tafeln mit Namen. Auf dem Hügel treffen wir uns wieder. Ich teile die Osterbrote, die wir gestern in der Kirche geschenkt bekamen – war es erst gestern? Sturm kommt auf, ein Wolkenguß. Wir teilen das Osterbrot mit den Russen, die uns begleiten, sie teilen es mit uns. Wir wollen uns nicht niederreißen lassen vom Tod und allen, die dem Tod dienen.

Erdmuthe Borschel

Meine Tränen
bleiben stecken
in Chatyn.

Meine Füße
lassen mich straucheln
an groben Steinen:
zwingen meinen Blick
und beugen meinen Kopf
hinab
ich nehme jetzt
den Boden
wahr
von Chatyn.

Ich kann nicht aufrecht sein
in Chatyn.

Meine Augen
sehen durch den Schleier
verstockter Tränen
schwere Bilder
in Chatyn.

Ihr Gewicht zieht
meine Augen hinab.

Meine Ohren
werden geschlagen
unerbittlich von Glocken
an 26 Schornsteinen.

Sie treffen hell
und schmerzhaft monoton mich
in Chatyn.

Die Bilder will ich
spüren
und die Glockenrufe
leiden
und meine Tränen
fließen lassen
in Chatyn.

Widerstrebend stumm
höre ich
Informationen
in Chatyn.

Und bin
wie ein Kind
das einen Vater braucht
der tröstet
und vergibt.
Herbert Gräßer

1 Dorf
26 Schornsteine
149 Tote

Brandgeruch klebt an den Schornsteinen
Aschenstaub liegt auf den Gärten
Grabesstille hängt zwischen den Toren

Der Magen versteint
Das Herz erstarrt
Die Haut fröstelt

Trauer
Schweigen
Tränen

Sonne umhüllt die Stätte
Wind spielt mit den Birkenblättern
Regen glänzt auf den Steinen

Wir sprechen Worte
die wir bisher verschwiegen haben
Wir sehen in Augen
die wir bisher gemieden haben
Wir fassen Hände
die sie uns zum Frieden reichen

Wir teilen das Brot des Lebens
Lore Gerster

Betrachtungen eines Politischen Pilgers

Gegen Osten

Wenn sie uns fragen –
Unsere Kinder.
Was wollt ihr im Osten –
Politische Pilger?

Was werden wir sagen?
Unsere Väter fielen dort ein.
Unsere Mütter schwiegen.

Deren Kinder sind – wir.
In jedem von uns steckt diese Brut.
Hüten wir uns vor ihr.

Keinen Stein auf unsere Väter.
Aber auf ihre Verbrechen.
Keinen Stein auf unsere Mütter.
Aber auf ihr Schweigen.

Es ist unsere Geschichte – unsere Last.
Die uns Beschwernis macht.
Die Schuld und die Scham.

Es sind unsere Schwierigkeiten.
Die wir zum Osten tragen.
Wieder kommen wir ungebeten …

Aufdringlich – erhoffen wir ein Wort.
Suchen eine Hand.
Die sich entgegenstreckt – von dort …

»Aufrichtige Erzählungen eines russischen Pilgers« ist der Titel eines Buches mit altem Erzählgut von einem unbekannten Verfasser. In der Einleitung schreibt der Herausgeber, E. Jungclaussen: »Der Pilger in seiner Bedürfnislosigkeit symbolisiert den ... Weg innerer Erfahrung, einer Glaubenserfahrung, die mehr ist als die Annahme eines dogmatischen Systems und das Befolgen moralischer Vorschriften; er ist auf der Suche nach einer Spiritualität, die dem Leben einen Sinn gibt und auch zu einer praktischen Lebensgestaltung führt.«[1]

Der russische Pilger übt sich darin, das karge und doch reiche Herzensgebet lauter zu sprechen:

Herr Jesus Christus,
Sohn Gottes,
Erbarme dich über mich Sünder.
Erbarme dich meiner[2].

Der politische Pilger, der heute als Christ aus der BRD nach CHA-TYN fährt, kommt in ein Land, das dem Hitlerregime zum Opfer fiel – unter lautstarker Begleitung christlichen Schweigens zur bischöflichen Akklamation des Überfalls auf den »Todfeind«, wie es in dem Telegramm vom 30.6.1941 heißt[3]. Der Pilger hat einige Un-

---

1. *E. Jungclaussen (Hg.):* Aufrichtige Erzählungen eines russischen Pilgers, 11. Aufl. 1974, S. 8.

2. A.a.O., S. 160f.

3. Der Geistliche Vertrauensrat der Deutschen Evangelischen Kirche schickte am 30.6.1941 ein von Landesbischof Marahrens mit unterzeichnetes Telegramm an Hitler, in dem es heißt: »Sie haben, mein Führer, bie bolschewistische Gefahr im eigenen Land gebannt und rufen nun unser Volk und die Völker Europas zum entscheidenden Waffengang gegen den Todfeind aller Ordnung und aller abendländischen Kultur auf. Die Deutsche Evangelische Kirche ist mit allen ihren Gebeten bei Ihnen und bei unseren unvergleichlichen Soldaten, die nun mit so gewaltigen Schlägen daran gehen, den Pestherd zu beseitigen, damit in ganz Europa unter Ihrer Führung

gereimtheiten zu gewärtigen, die zu klären längst überfällig sind: Warum kommt der politische Pilger so spät – nach 45 Jahren?

»Was den Deutschen wohl heimlich immer gefehlt hat und heute erst recht in fürchterlichem Ausmaß fehlen wird, das ist der Glaube daran, daß es so etwas gibt in der Welt: daß der Mensch des Menschen Freund, daß er unbedingt *für* ihn statt *gegen* ihn sein kann ... Das ist eine handfeste Anschauung von dem, was Vergebung ist: daß Menschen trotzdem füreinander sein können, trotzdem (sic) sie doch viel gegeneinander haben, trotzdem sie das auch nicht übersehen und vergessen können.« So Karl Barth 1945[4].

Kommt der politische Pilger darum erst heute – nach CHATYN? Wieweit trifft Barths »Heute« das Heute des politischen Pilgers? Er möchte ein neues Kapitel des alten Buches von »Schuld und Sühne« aufschlagen. Indes weiß er, allemal realitätsbezogen, daß er allein aus seiner Kraft den Lauf der Welt eben nicht zu ändern vermag. Dennoch versucht er, mit seinen Betrachtungen der ersten tastenden Schritte in den Osten einen Hauch jenes sanften aufdringlichen Umgangs miteinander einzubringen, der aus der Erfahrung vom Vergeben lebt: Menschen können dann miteinander und füreinander sein, auch wenn sie viel gegeneinander haben und unsägliches Leid zwischen ihnen steht. Der Pilger ist sich der Brisanz seiner Mission auf dem politischen Felde durchaus bewußt; hatte doch sein faschistisches Vaterland ein anderes Land überfallen und dessen Bewohner auslöschen wollen – allerdings mit der perfiden Zuspitzung, daß dieser Angriff unter dem Deckmantel des Namens Christi und den Gebeten der Deutschen Evangelischen Kirche geschah, also unter der Aura pervertierten christlichen Glaubens und Handelns[5].

Wie wurde – nach dem Krieg – Martin Niemöller verteufelt, als er den Leninorden in Moskau angenommen hatte! Niemöller hatte

eine neue Ordnung entstehe und aller inneren Zersetzung, aller Beschmutzung des Heiligsten, aller Schändung der Gewissensfreiheit ein Ende gemacht werde« (W. Niemöller: Die evangelische Kirche im Dritten Reich, 1956, S. 393).

4. *K. Barth:* Zur Genesung des deutschen Wesens, 1945, S. 32 f.

5. S. Anm. 3.

frühzeitig den Weg in die Sowjetunion gefunden, weil er sich nicht behindern ließ vom politischen oder klerikalen Antikommunismus. Unabhängig davon suchte er zielstrebig die Versöhnung. Er unterließ es nicht, immer wieder mit Karl Barth, Gustav Heinemann u. a. hartnäckig auch auf die Unrechts- und Gewalttaten hinzuweisen, die die Deutschen besonders der sowjetischen Bevölkerung angetan hatten. Sie weigerten sich standhaft, dem ideologischen Vorzeichen sowjetischer Politik eine antikommunistische Gegenideologie christlicher Prägung aufzubauen. Nicht wieder, wenn auch anders als im Dritten Reich, sollte mit dem Namen Christi Schindluder getrieben werden; sie wollten nicht, daß das Verhältnis zwischen Ost und West weltgeschichtlich-apokalyptisch aufgeladen, sondern politisch rational bestimmt, d. h. entideologisiert würde[6].

So ist es vielleicht kein Zufall, daß auch aus der Landeskirche heraus, dessen erster Präsident Martin Niemöller war, eine erste politische Pilgerreise in den Osten unternommen wurde, der sich Frauen und Männer aus der ganzen Bundesrepublik anschlossen.

Wie spät ein solches Unternehmen kommt, läßt sich erst ermessen, wenn man jenen Tendenzen nachspürt, die emsig darum bemüht sind, das zu betreiben, was die Entsorgung deutscher Vergangenheit genannt wird und der »Historikerstreit« auf die Begriffe bringt wie: Schadensabwicklung, Schlußstrich, Wendehistorie und Normalisierung bzw. Relativierung, Einebnung der kriegerischen Gewaltmaßnahmen von Deutschen in die der Völker und der jüngsten deutschen Geschichte in die gesamte Weltgeschichte[7].

Der politische Pilger reist in die Sowjetunion als einer, der nicht verschweigen oder vertuschen möchte, was im deutschen Namen und von Deutschen angerichtet wurde. Angesichts dieser Vergangenheit möchte er einen ganz kleinen Schritt in eine neu zu gestal-

6. *D. Koch:* Heinemann und die Deutschlandfrage, 1972, S. 491, 457.

7. »Historiker-Streit«. Die Dokumentation der Kontroverse um die Einzigartigkeit der nationalsozialistischen Judenvernichtung, 1987, S. 62, 40, 322, bes. 373 ff. gemäß der Reihenfolge.

tende Zukunft wagen, mit der Reise also ein winziges Zeichen setzen. So unangenehm und schmerzlich es ihm ist, er will und kann nicht verstehen, daß der Faschismus für die evangelische Kirche eine Prüfung war, die sie nicht bestanden hat. Dieses Eingeständnis verführt ihn nicht dazu, sich aus der Verantwortung für die Vergangenheit von Volk und Kirche davonzustehlen, vielmehr führt sie ihn – nach reiflicher Überlegung – trotz mancher Bedenken dazu, sich den Opfern und Überlebenden zu stellen – in Weißrußland, in CHATYN.

Ein Schuldbekenntnis, das die besondere Schuld gegenüber der sowjetischen Bevölkerung konkret formuliert, ist von kirchenoffizieller Seite bis heute nicht ausgesprochen. Nicht exakt genannte und bekannte Schuld bleibt in der Allgemeinheit dessen stecken, daß Christen Sünder sind; das gilt konsequenterweise auch für das Geloben von Besserung bzw. Wiedergutmachung. Hier von Platitude zu sprechen, verbietet sich der Pilger nur aufgrund seines ohnehin nicht hinreichenden Respektes vor dem unsäglichen Leid der Opfer. Bezeichnetes, nicht Beschriebenes, nicht Datiertes ist schon Verlorenes, bevor es überhaupt Gefundenes ist. In dem Maße, in dem Vergangenes pauschalisiert wird, läßt sich Zukünftiges schwerlich präzisieren. Das ist auch ein Grund dafür, daß sich Ansätze zur Neugestaltung von Zukunft in einer Gemeinschaft mit den Völkern der Sowjetunion sehr darum bemühen müssen, daß ihnen mehr bleibt als der Heiligenschein des frommen Wunsches. »Alles« in seiner Totalität erfassen zu wollen läuft Gefahr, in ein »Nichts« zu greifen.

Dankbar erinnert sich der politische Pilger deshalb an das Schuldbekenntnis Dietrich Bonhoeffers, das er bereits 1940 als Schuldbekenntnis der Kirche niederschrieb, als Hitler schon Polen und Frankreich besiegt hatte: »Mit diesem Bekenntnis fällt die ganze Schuld der Welt auf die Kirche, auf die Christen, und indem sie ... bekannt wird, tut sich die Möglichkeit der Vergebung auf ... Die Kirche bekennt, ihre Verkündigung von dem einen Gott ... nicht offen und deutlich genug ausgerichtet zu haben ... Die Kirche bekennt sich schuldig aller zehn Gebote (das wird in der Reihenfolge der Gebote deutlich konkretisiert, E. R.) ... Durch ihr eigenes Verstummen ist die Kirche schuldig geworden an dem Verlust an verantwortlichem Handeln ...« Die Kirche »ist schuldig geworden an dem Abfall der Obrigkeit von Christus«[8].

Freilich gibt es die Stuttgarter Schulderklärung des Rates der Evangelischen Kirche in Deutschland vom 19. Oktober 1945, die jedoch die Schuld nicht klar und deutlich bei ihrem Namen nennt. In der Nachkriegszeit löste sie unterschiedlichste Einstellungen aus: von tiefer Betroffenheit bis hin zur völligen Verharmlosung, jeweils entsprechend ihrer Auslegungsweise. Die Interpretationen, die ihre Hauptverfasser selbst bereits bald nach der Veröffentlichung erstellten, divergierten in eklatanter Weise: Einerseits wurde die Erklärung entpolitisiert verstanden als eine rein geistliche, »keine politische, sondern eine kirchliche Erklärung«, die »niemals für die Öffentlichkeit bestimmt war, ein Wort von *Christen* an *Christen* ... ein Wort *unter* Gott. Das Bekennen unserer Schuld ... ist ... Bekenntnis vor Gott und nicht vor Menschen«. In solcher Qualifizierung galt es von vornherein als unanfechtbar[9].

Andererseits sah man darin einen neuen Anfang für bewußte politische Mitverantwortung der Kirche und der Christen. Schon die auf Betreiben Niemöllers in die Erklärung aufgenommene Aussage: »Durch uns ist unendliches Leid über viele Völker und Länder gebracht worden«, stieß auf heftigen Widerstand[10].

Mit dem Blick auf die eigene Schuld, die verständlicherweise schwer zu ertragen ist, begann der eigene Leidensdruck. Und damit setzte der Verdrängungsprozeß ein. Statt an die eigene Schuld zu erinnern, wird man eher die der anderen gewahr, also wurde auf die Schuld der anderen, auf das Unrecht der Siegermächte gegenüber den Deutschen nach dem Zusammenbruch verwiesen. Das deutsche

---

8. *D. Bonhoeffer:* Ethik. Zusammengestellt und herausgegeben von E. Bethge, 1963, S. 119ff.

9. Bischof Lilje, Meiser und Marahrens, entsprechend in der Abfolge der Zitate; nach: *M. Greschat (Hg.):* Die Schuld der Kirche. Dokumente und Reflexionen zur Stuttgarter Schulderklärung vom 18./19. Oktober 1945, S. 225f.; und ders. (Hg.): Die Stuttgarter Schulderklärung. Im Zeichen der Schuld. 40 Jahre Stuttgarter Schuldbekenntnis. Eine Dokumentation, 1985, S. 23.

10. Zit. nach: *M. Greschat (Hg.).*

Volk, nun selbst »Opfer«, erwartete den seelsorgerlichen Beistand der Kirche; diesem Erwartungsdruck konnte und wollte sie sich schwerlich entziehen. Neben der Aufgabe, zur Buße zu rufen, habe sie doch auch die Aufgabe zu trösten. Sie würde sehr verlieren, »wenn sie jetzt nicht auch zu dem Unrecht von der anderen Seite redet«. So hatte sich bereits im zweiten Jahr nach der Erklärung von Stuttgart »unter der Hand aus einem Schuldbekenntnis ein Schuldvorwurf gegen die anderen entwickelt«[11].

Nach der Maxime: »Mea maxima culpa, mea minima culpa« (meine größte Schuld, meine kleinste Schuld), betrieb die Stuttgarter Erklärung in den Augen des politischen Pilgers eher eine Schuldkosmetik, als daß sie die Schuld ungeschminkt freilegte. Die Umstände, in denen es zur Formulierung ihrer Aussagen kam, erlaubten allerdings kaum eine detaillierte Diskussion bzw. eine ausgereifte, in aller Konsequenz durchdrungene Diktion. Die Erklärung zielte ab auf die Wiederaufnahme in die Völkergemeinschaft und war durch die in Stuttgart überraschend eingetroffene Delegation des im Aufbau befindlichen Ökumenischen Rates der Kirchen den Ratsmitgliedern der EKD – nolens volens – in gewisser Weise abgenommen[12].

Die Umstände, unter denen es zu dieser Erklärung kam und unter denen diese bekanntgemacht wurde, waren angesichts der äußeren wie der physischen und psychischen Not der Menschen in dieser Zeit sehr ungünstig und dem Gewicht dieser Verlautbarung in kei-

---

11. *W. Krusche:* Schuld und Vergebung – der Grund christlichen Friedenshandelns, in: M. Greschat, a..a.O., S. 92. W. Krusche, Bischof i. R. der Evangelischen Kirche der Kirchenprovinz Sachsen, legt darin, S. 87–114, die Folgegeschichte der Stuttgarter Schulderklärung sehr ausführlich dar, »weil sich in der Interpretation dieser Erklärung während der ersten acht Nachkriegsjahre Entscheidungen in unserer Kirche vollzogen haben, die bis heute nachwirken und den geistigen und politischen Weg unseres Volkes bestimmt haben« (a. a. O., S. 101). Bei diesem Beitrag handelt es sich um das Referat »Schuld und Vergebung – der Grund christlichen Friedenhandelns«, das W. Krusche am 19. Juni 1984 in Kiel auf dem EKD-Kongreß »Gottes Frieden den Völkern« gehalten hat.

12. Weitere Ausführungen dazu, s. M. Greschat (Hg.) in seiner Einleitung, a. a. O., S. 9 ff.

ner Weise angemessen. Insofern ist sie als ein erster Versuch schuld-eingestehender Rückbesinnung zu erachten, der ausdifferenziert hätte werden müssen.

Auch der wenig später von H. Asmussen formulierte Kommentar konnte der Erklärung nicht zu jener Klarheit verhelfen, die sie vor den innerhalb und außerhalb der evangelischen Kirche unternommenen lauteren und unlauteren Interpretationsversuchen hätte schützen können. Die Stuttgarter Schulderklärung stellt einen anerkennenswerten Ansatz dar, sich mutig der Schuld gegenüber zu öffnen, aber die Folgen des Bekenntnisses waren nicht abgeschätzt und seine Chancen nicht genutzt worden.

Erst das sog. »Darmstädter Wort«, das Wort des Bruderrates der Evangelischen Kirche in Deutschland »zum politischen Weg unseres Volkes« vom 8. August 1947, hat über die Stuttgarter Erklärung hinausgeführt, indem es versuchte, die Schuld politisch konkret zu formulieren unter Einschluß sozialer und politischer Dimensionen. Zu seiner Verabschiedung waren – aus welchen Gründen auch immer – von den 43 eingeladenen Räten nur neun Brüder und drei Berater erschienen. Es ist kein offizielles Wort des Rates der EKD geworden. Und den Überfall auf die Sowjetunion hat es ebenso deutlich verschwiegen wie vordem die Stuttgarter Erklärung.

Dann – fast zwei Dezennien danach hat die 1965 für die Gliedkirchen der DDR und der BRD mit einer Stimme herausgegebene sog. Ostdenkschrift der EKD neue Perspektiven aufgezeigt, die sich in der Entspannungspolitik der Regierung gegenüber der Sowjetunion und Polen niedergeschlagen haben. Aber auch diese Schrift läßt ein klares Bekenntnis zur Schuld der Deutschen am millionenfachen Tod der Menschen in der Sowjetunion vermissen.

Der politische Pilger ist der Präzisierung der Schuld bedürftig. Zu diesem so sehr belastenden und belasteten Keil in der deutschen Geschichte vernahm er – endlich, klar und deutlich eine äußerst gewichtige und dezidierte Stellungnahme von W. Krusche aus dem Jahre 1984: »Die Ausblendung der besonderen Schuld gegenüber dem zur Vernichtung bestimmt gewesenen Sowjetvolk ist der verhängnisvollste und folgenschwerste Vorgang in der deutschen Nachkriegsgeschichte.«

Voraussetzung für diese Einsicht in die »besondere Schuld« ist die Erkenntnis der qualitativen Differenz zwischen der konventionellen Kriegführung im Westen, den Gegner militärisch zu besiegen, und der ungeheuerlich anderen Kriegführung im Osten, die von Anfang darauf angelegt war, den slawischen »Untermenschen« zu vernichten[13].

Die von den Arbeitsgemeinschaften Solidarische Kirche Westfalen und Lippe herausgegebene Schrift »Versöhnung und Frieden mit den Völkern der Sowjetunion« und das Memorandum »Frieden mit der Sowjetunion – ein unerledigte Aufgabe«, stellen einen jüngsten eindeutigen Schritt in jene Richtung dar[14]. Der Untertitel der Thesen »Herausforderungen zur Umkehr« nimmt ein Stückchen vorweg von dem Unterfangen, das sich der politische Pilger mit seiner Reise »zur Umkehr in die Zukunft« vornahm, wie sie allerdings etwas vollmundig – weil in dieser etikettenhaften Form sehr anspruchsvoll und mißverständlich – ausgeschrieben war.

Dennoch fühlt sich der Pilger erleichtert:
Sein Anliegen ist aufgenommen.
Die Chance des Weges ist gegeben.
Die Chance der Umkehr ist ihm verheißen …
Dennoch:
Die Wirklichkeit klebt ihm wie Teer unter den Füßen.
Er ist nicht Gaukler noch Spieler.
Aber hoffnungsvoll Reisender.

Er weiß: Die Umkehr bleibt stecken im Stückwerk. Sie kommt über immer neue Versuche nicht hinaus. Denn sie ist nur der Reflex der

---

13. W. Krusche, a. a. O., S. 98, s. bes. dazu Anm. 32: »Hierauf hat D. Koch nachdrücklich verwiesen (op. cit.), S. 19, 43, bes. S. 124 ff.« u. a. Sehr wichtig der Vortrag von Prof. Erdmann »Deutschland und der Osten …« zu diesem Punkt.

14. Versöhnung und Frieden mit den Völkern der Sowjetunion. Herausforderungen zur Umkehr. Eine Thesenreihe, Gütersloh 1987, bes. S. 6–8. – *Dietrich Goldschmidt u. a. (Hg.):* Frieden mit der Sowjetunion – eine unerledigte Aufgabe (Gütersloher Taschenbücher / Siebenstern 582), Gütersloh 1989.

Handlung jenes Gottes, der in Christus ein für allemal die Grundlage für die Versöhnung der Menschen untereinander geschaffen hat. Indem Gott die Menschen mit sich in Christus versöhnt hat, wendet er sich menschlich dem Menschen zu und wendet ihn hin zum Mitmenschen, stiftet so in neuer Gemeinschaft qualitativ grundlegend veränderte Zukunft.

Auf dieser Reise empfindet sich der politsche Pilger manchmal verlegen, manchmal ängstlich und peinlich berührt. Mehr trägt er an seinen Fragen als an pretiosen, prekären bis unangemessenen Geschenken im Reisegepäck. Beides war für ihn »Sperrgut«. Was soll er nun sagen? Was soll ersagen, wenn sie ihn fragen, »was der Rat der EKD, was jeder einzelne, was ... alle aus ›Stuttgart‹ gemacht haben«[15]? Seine Herzensbitte!? Der ist er unverbrüchlich gewärtig. Aber ... Was soll er nun sagen, wenn sie ihn fragen: Wer hat ihn denn geschickt? Nicht war er von der Kirchenleitung beauftragt, noch hatte diese ihm zu- oder abgeraten.

Sosehr ihm diese Fragen im Herzen brennen, so wenig erwartet er eine Stimme, die ihm aus dem brennenden Dornbusch Antwort erteilt. Antwort genug muß ihm das Wort Gottes in Jesus Christus sein. So wagt er weiter – gegen den Zweifel – den Weg als Botschafter dieses Wortes. Das Vertrauen darauf, daß Gott die Welt mit sich in Christus schon längst versöhnt hat (2. Korinther 5,16), macht ihn gewiß darin, daß der Schöpfergott den Frieden nicht nur parzelliert mit einem einzelnen will, sondern universal mit der ganzen Welt. Diese Zusage Gottes ist dem politischen Pilger Grund genug für seinen Aufbruch in den Osten. Nun will er versuchen, Gott bei seinem Wort ernst zu nehmen. und die Hoffnung darauf, daß ihm geholfen werde, möge ihn vorantreiben.

Wohl weiß der politische Pilger von der Unzulänglichkeit seines eigenen Tuns und der Unverfügbarkeit des göttlichen Handelns. Staunend nimmt er auf seinem weiten, in der knappen Zeit viel zu rasch zurückgelegten Weg nach Minsk schon bei den ersten Begegnungen zur Kenntnis: Vergebung ist das Ergebnis einer veränderten Einstellung. Sie geschieht im Herzen und wird spürbar in der Art

15. D. Koch, a. a. O., S. 38.

des Umgangs miteinander. Das jedenfalls konnte der politische Pilger in der Sowjetunion immer wieder wahrnehmen: Manchmal ließ eine freundliche Geste, ein warmer Blick merken, daß vergeben war. Manchmal wurde es auch direkt ausgesprochen, nicht nur im Gottesdienst in Minsk, sondern auch an profanen Orten: »Wir haben den Deutschen vergeben.« Oder anders: »Nicht die Deutschen waren unsere Feinde, sondern der Faschismus.«

Diese mehrfach geäußerte Aussage stimmt sehr nachdenklich. Sie drückt – in der Wahrnehmung des Pilgers – Milde aus, denn sie differenziert zwischen den Menschen und der Ideologie, die Macht über die Menschen bekommen und sie befallen kann; dennoch bleiben sie in der Verantwortung für das, was sie tun und getan haben. Der Pilger assoziiert mit diesem Satz jene Verhaltensweise, die der Kirchenvater Augustin den Christen ans Herz legte: Liebe den Irrenden, aber hasse den Irrtum.

Ist Gott vielleicht näher, als es der politische Pilger zu ahnen vermag? Sind hier nicht in unerhörter Weise Bitten um Vergebung erhört? Ist Gott nicht gerade da mächtig, wo sich der Pilger so schwach und unsicher fühlte? Aber wie hätte er von all diesem je ohne seine Reise erfahren? Im Herzen sehr bewegt, spricht er – gleich dem russischen Pilger – ein Gebet. Er dankt.

Er dankt dafür, daß Wunden sich allmählich schließen, verschorfen und dann stellenweise, wie er es selbst in Begegnungen erlebt hat, wieder aufbrechen. So werden sie nicht vergessen! In den Gesprächen erfährt er, ausgesprochen oder unausgesprochen, etwas von der Bedrohung durch die Vergangenheit – doch die Gegenwart ist von der Vergebung bestimmt. In nahezu frommer Scheu spürt der politische Pilger etwas davon, daß »die vergangene Schuld tatsächlich vernarbt ... Und an dieser Stelle gibt es dann auch innerhalb der geschichtlichen außen- und innenpolitischen Auseinandersetzung der Völker so etwas wie Vergebung, die doch nur ein schwacher Schatten der Vergebung ist, die Jesus Christus dem Glauben schenkt.«[16]

Zugleich ist der Pilger aber Angehöriger eines Volkes. Auch wenn

16. D. Bonhoeffer, a. a. O., S. 126.

er als Nachgeborener keine Schuld an den Verbrechen seines Volkes trägt, so gibt es dennoch in der Geschichte der Völker keinen Erbverzicht. Neben der Gleichgültigkeit von manchen Deutschen gegenüber der Geschichte ihres Volkes gibt es auch so etwas wie jene hochtrabende, selbsternannte Versöhnungspose, der optisch und rhetorisch die Betroffenheit heraustrieft – und die dann einen wabernden Dunstkreis schafft, der an jedem Gedenktag aufsteigt und am anderen Tag bereits verschwunden ist, bis er beim nächsten Mal wieder neu hervorquillt.

Dem politischen Pilger bleibt die Scham. Es sind Schamgefühle, die ihn überfallen, äußerst heftig, gerade in CHATYN, dem Hauptziel seiner Reise. Die Gemeinschaft mit den anderen ist ihm Hilfe, um so mehr von dem Augenblick an, da er aus dem Bus aussteigt und sich auf den Fußweg macht:

Weg nach CHATYN

Stille wird es …	einsam in der Gruppe …
Viele Schritte …	beleben die Straße …
Eine Blume …	erhält plötzlich die Hand …
Für die Toten …	ich – habe noch Abstand:

Diffus …

Meine Blicke …	gehn verlegen umher …
Nachgeboren …	hinkt mein Herz hinterher …
Pilger vor mir …	schreiten schneller voran …
Dann sind wir dort …	ich – im Bann von Chatyn:

. . . .

Die Gedenkstätte erinnert an die Opfer der Strafexpedition des SS-Sonderkommandos O. Dirlewanger und an die Toten des Krieges in Weißrußland. Alle 30 Sekunden geht von den symbolisch wieder er-richteten Kaminen der Häuser von Chatyn ein Glockenschlag über das Feld.

Opfer wurden alle jene, die sich – ohnehin schutzlos – schon erge-ben hatten. Alte, Kranke, Frauen und Kinder. Und diese alle er-barmten sich – der Kinder. Sie wenigstens zu schützen. Dennoch legte der Feind Feuer. Ein Schmied barg sein totes Kind. Alle ande-ren verbrannten bei lebendigem Leib. Aber das Wasser wütete und wallte nicht. Und die Berge fielen nicht (Psalm 46,3). Bei diesem Leid.

Weg durch CHATYN:
Schweigen.
In CHATYN.
Schweigen.

DES LEIDENS KEILSCHRIFT
WAR DORT EINGEHAUEN

Weg willst du?
Wohin?
Weg.
Weg nach CHATYN.

Es gibt Orte, die mir den Wunsch nach dem Sterben gebären. CHA-TYN macht lebendig! Wer dort das Schreckensgesicht des Todes erblickt hat, ahnt, daß er nicht aus eigener Kraft entkommt. Aufbe-gehren will ich. Gegen das Sterben. Gegen das Leiden. Gegen das Weggucken. Gegen das Weghören. Angesichts der Toten von CHA-

TYN. Sie brechen den Panzer der Apathie auf! Doch der Ort gebietet Pietät.

Dennoch. Ich muß mich stellen! In CHATYN stehe ich auf. Und lege meine Bitte nieder:

Daß Gott das steinerne Herz wegnehme,
Das der Gekreuzigte auslöse!
Daß Gott ein fleischernes Herz gebe,
Das der Auferstandene belebe!

Nur die Gewißheit vom Aufbruch des gekreuzigten Gottes ermutigt den Pilger zu dem nächsten Schritt, erdreistet ihn aber nicht zum Übermut und läßt ihn nicht im Kleinmut stecken, aber verleiht ihm jene sanfte Aufdringlichkeit, die der Reflex jenes Schöpfergottes sein könnte, der auf Grund seines eigenen Strebens nach Aussöhnung auch seinen Geschöpfen die Versöhnungsbedürftigkeit tief verwurzelte. Der Widerschein dieses für den Frieden auferstehenden Gottes läßt der Sehnsucht des Pilgers danach Flügel entstehen und setzt seinem Flug gen Osten den Aufwind, gegen den Sog des Todes.

Es ist der Sog von vorn, der begleitet – der zum »Aufbruch«[17] zu einer »wahrhaft ungeheuren Reise« verhilft, deren Ziel immer nur der Weg sein kann. Schritt für Schritt, ein Weg der Umkehr. »Die Reise ist ist so lang« und schuldverquickt bei jedem neuen Entscheidungsschritt, daß ich »verhungern muß … Kein Eßvorrat kann … retten.« Nur das Brot des Lebendigen.

Weg des Lebens. Entlang dem Sterben. Wie lebendig sie sind, die Toten von CHATYN!

»Seele, vergiß sie nicht.
Vergiß nicht die Toten!
Sie umschweben dich.
Schauernd, verlassen« (F. Hebbel, Requiem).

Über den Gedenktafeln liegt das Grauen. Verborgen hinter einem

17. F. Kafka, aus: Konzepte 2 (1970), S. 60.

undurchdringlichen Schleier. Selbst die Birken winken einem Begleiter. In der einsamen Weite von CHATYN.

Der politische Pilger bemüht sich um jene spirituelle Abklärung, die weiß – wie wenig der einzelne vermag – wie wenig er ausrichten kann – angesichts dessen, was geschehen ist.

Was kann er schon sagen? Was kann er schon machen? Nach CHATYN?! Er braucht die Ermutigung des Begleiters – zum Reden, zum Handeln. Politisch ist jeder Schritt. Selbst und gerade der Schritt ins Schweigen. Er ist die sublimste Form politischer Entscheidung. Schlichtweg – Bestätigung. Sanktion der bereits gefahrenen Richtung.

Skepsis will der politische Pilger bewahren beim Nachdenken über den Satz Hegels, der ihn sehr irritiert: Das einzige, was der Mensch aus der Geschichte lernen kann, ist, daß er nichts aus der Geschichte lernt. Sollte das die ganze Summe praktischer Vernunft bleiben? Und gegen die aufziehende Resignation übt er sich – zaghaft demütig – in den beklommenen Bemühungen seines dürftigen Herzensgebetes:

Herr Jesus Christus,
Sohn Gottes.
Erbarme dich über mich Sünder.
Ermutige mich.
Gegen das Ritual des Sterbens.
Mache Schweigen beredt.
Wende das Wort zur Tat.

Und am Ende seiner Betrachtungen sieht der politische Pilger wie in einer fernen Spiegelung: jenen Nazarener, der bei seinem Kampf für den Frieden Gottes mit den Menschen selbst den Wurf eines Steines verhinderte. Und mit dem Nahen des »fernen Spiegels« gewahrt er den gekreuzigten Gott immer näher rücken. Bis nach CHATYN. – Und dann: Blieben die Steine auf dem Boden fest liegen. Bei seinem Kampfe für Versöhnung und Frieden. – Und schließlich: Verhallte als verlorenes Echo von fern: der nachlassende Schlag der Glocke von CHATYN.

Zwischen Russen und Deutschen stand: die Organisation.
Das organisierte Verbrechen.
Das organisierte Verdrängen.
Nicht organisierbare Schuld.

Zwischen ihnen und uns entstand: neue Organisation.
Das organisierte Reisen.
Das organisierte Begegnen.
Nicht organiserte Sympathie.

Zwischen uns zerbrach: die Organisation.
Bei ihnen Schmerz.
Aber Güte, keine Rache.
Bei uns – nur Bitte.

Dazwischen: Brache.
Aufgebrochener Boden.
Mit alten Furchen.
Für neue Bahnen.
Elisabeth Roth

Begegnungen und Gespräche in Moskau

Berichte aus den Arbeitsgruppen

Begegnung mit »Frauen für das Leben«

Im Haus des Sowjetischen Frauenkomitees begegnen wir am Mittwoch, dem 11. Mai 1988, einer Delegation sowjetischer Frauen aus den Bereichen Wirtschaftswissenschaften, Philosophie, Veröffentlichungen zu »Frieden und Abrüstung«, wissenschaftlicher Kommunismus, Zeitschrift »Sowjetfrau« und vom kirchlichen Außenamt der russisch-orthodoxen Kirche.

Die Mehrzahl unserer Gesprächspartnerinnen spricht Deutsch. Wir erklären, daß wir aus zwei Gründen die Begegnung mit Menschen in der Sowjetunion und nun gerade auch mit Frauen suchen: einmal, weil die entsetzlichen Zerstörungen des Zweiten Weltkriegs bis heute nicht in die historische Verantwortung vieler Menschen in der Bundesrepublik Deutschland voll aufgenommen sind, wir aber meinen, daß dies zur Entwicklung einer Friedenspolitik notwendig wäre. Zweitens, weil sehr rasch nach dem Krieg wieder politische und wirtschaftliche Strukturen und Handlungsmuster eingerichtet wurden, die denen vergleichbar sind, die den Zweiten Weltkrieg verursacht haben.

Das Komitee beschäftigt sich mit der Entwicklung der Frauenpolitik im Inneren, unterhält aber auch internationale Kontakte z. B. mit West-Berlin. Frauen aus unterschiedlichen Lebensbereichen sind im Präsidium des Komitees zusammengeschlossen; im Rat des

Komitees sitzen Vertreterinnen einzelner Städte. Das Komitee hat dreißig hauptamtlich angestellte Frauen, es arbeitet in sechzehn Kommissionen, Frau Bunkina z. B. gehört der Kommission für internationale Beziehungen an. Das Komitee finanziert sich aus freiwilligen Abgaben und Spenden.

Frauenarbeit
Die Gleichberechtigung der Frauen, in Bildung und Ausbildung weitgehend erreicht, wird in der Realität des Arbeitslebens vielfach unterhöhlt. Sichtbar wird das u. a. an den 5–6 % Frauen, die »schwere Arbeit« zu leisten haben. Die wichtigste Ursache ist der Grundkonflikt im Zusammenleben von Frauen und Männern, die Versorgung der Kinder. Kindertagesstätten und Kindergärten arbeiten in zu großen Gruppen; es gibt Versorgungsprobleme in den einzelnen Stadtteilen. Die Frauen fordern jetzt verstärkt Fortbildung, gezielt für Frauen, die nach der Mutterschaftspause wieder in den Beruf zurückkehren. Frauen lassen sich nicht mehr abweisen und drängen auf Antworten, die sie befriedigen, die Zahl der Frauen in politischen Gremien hat erfreulich zugenommen.

Seit einem Jahr gibt es ein Netzwerk von Frauenräten, die bei politischen Einrichtungen, auch bei den Gewerkschaften darauf drängen, die Rechte der Frauen zu berücksichtigen. In einem Fragebogen zur Vorbereitung der Allunionskonferenz im Juni d. J. taucht auch die Frage nach der Quotierung auf. Große Aufmerksamkeit, einige Nachfragen entstehen, als wir auf die Kritik der neuen Frauenbewegung an den Definitionen von Karl Marx von Produktions- und Reproduktionsarbeit zu sprechen kommen: Frauen gebären und erziehen ihre Kinder bewußt, haben den natürlichen Prozeß historisch angeeignet – das ist Produktionsarbeit.

1. »Wir sind keine Feministinnen«, war eine sehr deutliche Aussage. »Wir kämpfen für die Verbesserung der Lage der Frau, aber nicht gegen die Männer.« Zur Frage der Quotierung in der Allparteienkonferenz wurde von einer Frau 50/50 als Maximalforderung in Zweifel gezogen. Während des Gesprächs kamen aber häufig genau die Probleme zu Sprache, die hier in der BRD unter feministischem Blickwinkel diskutiert werden und die inhaltlich oft eine

harte Auseinandersetzung mit den Privilegien der Männer bedeuten.

2. »Auf dem Papier steht bei uns, die Frauenfrage sei gelöst, aber in der Realität ist dies leider nicht so.« Zur Rolle des Mannes in Haus und Familie fiel der Begriff »Psychologie der Männer«. Dies sei noch ein Problem, das es auf gesellschaftlicher Ebene zu lösen gelte. Offiziell existiere das Problem nicht, und es werde bislang nur intern, in der Familie bearbeitet. Für Hausfrauen gebe es große Minderwertigkeitskomplexe, weil die Arbeit der Frauen nicht als Produktion angesehen werde.

3. Zur Ausbildungssituation von Frauen: 50% der Frauen machen an Hochschulen qualifizierte, gute Abschlüsse. Aber dann kommen meist Ehe und ein Kind. »Männer gehen weiter, Frauen bleiben sitzen.« Hier wurde die Hoffnung in Gorbatschows Zusage ausgedrückt, daß er für Arbeitsplatzsicherung sorgen wolle und für entsprechende Weiterbildung von Frauen.

4. Kindergartengruppen von 20–22 Kindern werden als viel zu groß angesehen und sind ein Problemfeld, an dem die seit letztem Jahr eingerichteten Frauenräte arbeiten wollen. »Von der Erziehung unserer Kinder hängt der Zustand unserer Gesellschaft ab.«

Perestroika

Wir erzählen von den Impulsen dieser Politik auf die Friedensbewegung, auf manche Bereiche der ökonomischen und politischen Diskussion, aber wir sagen auch, daß es zwar eine breite Resonanz auf das Stichwort Perestroika gibt, die positive Unterstützung der Entspannungspolitik aber nur von einer Minderheit getragen wird, die wenig politischen Einfluß hat. In der politischen Entwicklung der BRD spielen Abrüstung und Entspannung eine untergeordnete Rolle, der wirtschaftliche Konzentrationsprozeß macht Fortschritte, die Ausbeutung der Rohstoffe liefernden Länder ist ungebrochen.

Ein Leserbrief (16. und 18. April 1988) der Leningrader Dozentin Nina Andrejewa wird von der Prawda beantwortet. Nina Andrejewa fragt nach den Maßstäben des gegenwärtigen sowjetischen Sozialismus für die heranwachsende Generation: »Die Studenten nehmen jetzt nach der Periode gesellschaftlicher Apathie und geistiger Unselbständigkeit intensiv die Energie der revolutionären Veränderung auf.« Sollten die Studenten nicht zunächst einmal mit den tatsächlichen Erfolgen der historischen Entwicklung in der Sowjetunion vertraut gemacht werden und mit den Angriffen der westlichen Welt gegen diese Entwicklung, bevor sie sich mit einem neuen Umweltbewußtsein oder kosmopolitischen Ideen auseinandersetzen?

Zu den Problemen mit Perestroika wurden erwähnt:

● Die Bürokraten wollen nicht aus ihren Sesseln;
● junge Leute sagen ja zu Perestroika, arbeiten aber nicht gut genug dafür;
● 50 % müssen entlassen werden, z. B. im Dienstleistungsbereich, wo oft nicht effizient gearbeitet werde. Was passiert, wenn an erster Stelle Frauen entlassen werden? (Frauenräte setzen sich in dieser Problematik ein.)

Zum Thema Perestroika wurden Sätze formuliert: »Wir haben begriffen, daß die Menschheit sterblich ist, und dies ist eine Erkenntnis, die sich immer mehr durchsetzt. Wir tragen Verantwortung für das Leben und erleben, daß nicht alles machbar ist. Wir begreifen die Welt als Ganzes und sehen jede Persönlichkeit als gleich wichtig an.«

Kirchenpolitik

Die Gespräche kreisen um den Begriff »Barmherzigkeit«, einen Begriff, der in der bisherigen Politik keine Rolle gespielt habe. Die russisch-orthodoxe Kirche hat in ihrer Begegnung mit Gorbatschow angeboten, in den Altenheimen unterstützend mitzuwirken.

Unsere Dolmetscherin hat Mühe mit dem ihr unbekannten deutschen Wort *»Barmherzigkeit«*, aber sie ist nicht allein – auch einige von uns deutschen Frauen wehren sich dagegen: Oft habe sich die Kirche dazu hergegeben, die politisch und wirtschaftlich »produzierten« Notsituationen zu lindern und dadurch häufig auch zu verschleiern.

Die von Gorbatschow zugesicherten neuen Kontakte zur orthodoxen Kirche und zu anderen Glaubensrichtungen werden als wichtig eingeschätzt, was jedoch nicht bedeute, daß es nun eine neue Frömmigkeit gebe, daß deshalb alle gläubig werden. Jedoch der Einsatz der Kirche für Frieden gebe Anlaß zu notwendigen Kontakten, da man hier an der gleichen Sache arbeite.

Zum Verhältnis Kirche – Staat: »Wir brauchen soziale Einrichtungen der Kirchen, sind aber ein atheistischer Staat. Dies bedeutet jedoch nicht, daß die Kirche sich nicht in Politik einmischen kann.«
Sibylle Römer

Eine Brücke des Friedens – Besuch in einer Schule

»Wir wünschen uns Frieden für uns und unsere Kinder« – so antwortete beim Besuch des amerikanischen Präsidenten in Moskau eine junge russische Frau auf die Frage nach ihren Wünschen an den politischen Gipfel.

MIR / FRIEDEN, wie oft habe ich dieses Wort in den wenigen Maitagen gehört, die ich mit einer Reisegruppe in der Sowjetunion verbracht habe.

DRUSHBA / FREUNDSCHAFT, das war das zweite Wort, mit dem uns ein herzlicher Empfang bereitet wurde. Es erinnert mich an unseren Besuch in einer Schule in Moskau und an Gespräche mit den Kindern.

Als Gastgeschenk habe ich einer 3. Klasse ein Buch von Gudrun Pausewang mit dem Titel »Ich habe einen Freund in Leningrad« überreicht. Als Gegengabe habe ich neben einigen Bildern der Kinder einen ganzen Klassensatz Anschriften mitbekommen.

Nun suche ich Kindergruppen, die diesen neun- bis zehnjährigen Mädchen und Jungen in Moskau schreiben möchten.

Sie warten schon darauf.

Ich möchte die Anschriften gern weitergeben, damit auf vielfältige Weise eine Brücke des Friedens und der Freundschaft gebaut werden kann.

»Liebe Mitmenschen, denkt daran:
Wir haben das Leben und unsere Heimat und euch geliebt.
Wir sind lebendigen Leibes verbrannt. Unsere Bitte an alle:
Mögen euch eure Trauer und Leid Kraft und Mut geben,
damit ihr für immer Frieden auf Erden stiftet
Damit nie und nimmer das Leben im Sturm des Feuers erstirbt.«

Tafeln verzeichnen die Namen der Toten, die in Chatyn wohnten:

Lenja	15 Jahre
Xenia	13 Jahre
Manja	11 Jahre
Anja	9 Jahre
Kostja	5 Jahre
Antos	4 Jahre
Mischa	2 Monate

Ich bringe auch die Namen und die Anschrift dieser Kinder mit nach Hause. Unter Tränen des Entsetzens und der Scham habe ich sie aufgeschrieben. Von der Geschichte dieser Kinder aus vermag ich zu ahnen, was Krieg bedeutet.

Von hier aus frage ich »Warum?« und »Wieso?« – und: »Wie können Menschen zu solch teuflischen Verbrechen gebracht werden?« – und: »Warum habe ich von Chatyn bisher nichts gewußt?«

Ich möchte mein Entsetzen und meine Fragen mit anderen teilen. Ich möchte diese Geschichte erzählen, damit wir uns erinnern und nicht vergessen.

Gerade als einer, der später geboren ist, brauche ich diese Erinnerung, gerade auch als Vater von heranwachsenden Kindern.

Bundespräsident Richard von Weizsäcker hat das in seiner Rede am 8. Mai 1985 für uns so ausgesprochen, daß viele im Ausland aufgehorcht haben:

»Wir alle, ob schuldig oder nicht, ob alt oder jung, müssen die Vergangenheit annehmen. Wir alle sind von ihren Folgen betroffen udn für sie in Haftung genommen. Jüngere und Ältere müssen und können sich gegenseitig helfen, zu verstehen, warum es lebenswichtig ist, die Erinnerung wachzuhalten.

Es geht nicht darum, Vergangenheit zu bewältigen. Das kann man gar nicht. Sie läßt sich ja nicht nachträglich ändern oder ungeschehen machen. Wer aber vor der Vergangenheit die Augen verschließt, wird blind für die Gegenwart. Wer sich der Unmenschlichkeit nicht erinnern will, der wird wieder anfällig für neue Ansteckungsgefahren ...

Die Menschen in Deutschland wollen gemeinsam einen Frieden, der Gerechtigkeit und Menschenrecht für alle Völker einschließt, auch für das unsrige. Nicht ein Europa der Mauern kann sich über Grenzen hinweg versöhnen, sondern ein Kontinent, der seinen Grenzen das Trennende nimmt.«
Bundespräsident Richard von Weizsäcker; aus seiner Ansprache am 8. Mai 1985 im Deutschen Bundestag

Ich wage, die Namen der Kinder aus der Moskauer Schule und der Kinder aus dem vernichteten Dorf Chatyn zusammen weiterzugeben. Sie sind aufgehoben in dem tiefverwurzelten Wunsch nach Frieden und Freundschaft. Sie sind aufgehoben in der ausgestreckten Hand, die mir in den Worten des Mahnmals in Chatyn begegnet: »Ihr Menschen guten Willens, denkt daran, daß wir das Leben, unsere Heimat und euch geliebt haben ...«

Ich gebe die Zuversicht nicht auf, daß die Menschen guten Willens – trotz Schuld und Versagen – bewirken können, was zu vielen in diesem Jahrhundert versagt war. Mein erster Besuch in der Sowjetunion hat dies Vertrauen bestärkt.

Joachim Dietermann
(Zuerst erschienen in: Beispiele 8, eine Zeitung für Kinder-Gottesdienst in Hessen und Nassau, Juni 1988)

Besuch bei der jüdischen Gemeinde

In der Moskauer Synagoge empfing uns der Rabbiner höflich und sehr zurückhaltend. Er erzählte über die Geschichte der Synagoge, brach aber im 19. Jahrhundert ab. Unsere Fragen waren sehr vorsichtig und allgemein – zum Gemeindeleben, zu den Beziehungen zu anderen Religionsgemeinschaften, zu den Kirchen. Sie wurden freundlich beantwortet, aber die Befangenheit blieb. Endlich wagte es ein junger Mann, auf das Anliegen unserer Reise zu sprechen zu kommen. Er redete von der Verantwortung, der wir nicht ausweichen wollen, von der Trauer und der Scham angesichts der Leiden, die von deutschen Menschen den Juden zugefügt worden sind, auch davon, daß uns dies befangen machte und gleichzeitig dankbar, in dem jüdischen Gotteshaus empfangen zu werden.

Der Rabbiner, der sehr aufmerksam zugehört hatte, strahlte auf einmal eine schlichte Herzlichkeit aus, er sagte kurz: »Ich danke Ihnen, daß sie diese Worte heute hier gesagt haben. Ich habe Kontakt zu Deutschen, und ich weiß, daß es viele deutsche Menschen gibt, die empfinden wie Sie. Ich weiß auch, daß sie sich deshalb an jedem Ort dafür einsetzen, daß so etwas nie wieder geschieht!«

Unsere Befangenheit war mit einem Mal verschwunden, und wir wagten es, den hebräischen Kanon anzustimmen: Hewenu shalom alechem – wir wünschen euch Frieden. Und als der Rabbiner mit den Worten »Shalom alechem« antwortete, gab es wohl niemanden im Raum, der nicht tief bewegt war.

Rose Kallenberg

Fragen nach der Gemeindestruktur und dem Gemeindeleben werden vorsichtig gestellt. Der Rabbiner – ein etwa 35- bis 40jähriger Mann antwortet freundlich und selbstverständlich. Die Gemeinde ist ca. 10000 Gläubige groß, etwa 5000 kommen am Sabbat zum Gottesdienst. Längst nicht alle faßt die Synagoge, deshalb wird eine Übertragung auf den Vorplatz vorgenommen. In einigen Monaten wird ein nebenstehendes Haus, das früher zur Gemeinde gehörte, zurückgegeben, und dann können Pläne, die Synagoge zu erweitern, realisiert werden.

Nach der Zusammenarbeit mit orthodoxen und anderen Religionsgemeinschaften wird gefragt. Es gibt seit längerem ein regelmäßiges monatliches Treffen aller Religionsgemeinschaften, gemeinsame Probleme werden besprochen.

Bei der Delegation der Religionen in Washington waren auch Mitglieder der jüdischen Gemeinde. Sie wurden vom Senat empfangen und von Reagan – dies war für sie äußerst beeindruckend.

Da der Rabbiner selbst von Neuerungen sprach, wagten wir weitergehende Fragen zu stellen, z. B. nach Konsequenzen der Perestroika für sie als Gemeinde und als einzelne. Er sagt, Juden, die bleiben wollten, hätten früher und natürlich auch jetzt keine Schwierigkeiten bekommen. Schwierigkeiten hätten nur ausreisewillige Juden. Früher dauerte es Jahre, heute zwei bis drei Monate, bis man die Ausreiseerlaubnis habe.

Ein neues Problem hätte sich ergeben, da viele Juden wieder zurück wollten. Diese Juden, die im Alter nach Israel gingen, würden merken, daß sie dort nicht wieder Wurzeln schlagen könnten. Sie fühlten sich nicht gebraucht, überflüssig und ohne Heimat. Wenn Verwandte in der Sowjetunion sie wieder in Wohnungen aufnehmen würden, könnten sie zurückkehren. Dies sei wegen der Wohnungsknappheit jedoch schwierig. Für Rückkehrer würde wie bis zum Wegzug wieder Rente gezahlt, und als Kriegsveteranen bekämen sie auch wieder die üblichen Vergünstigungen. Eine andere der Neuerungen: Früher hatte die Gemeinde keinerlei religiöse Literatur und Gebetbücher. Jetzt konnten sie 10000 bekommen, davon 5000 für europäische Juden, 5000 für asiatische Juden. Aus Geldnot könnten sie zur Zeit nicht mehr drucken, ein Teil der Gebetbücher käme aus

Europa und den USA. Zudem gäbe es eine neue Vereinbarung, daß einmal monatlich von einer jüdischen Gemeinde in Ungarn koscheres Fleisch geliefert wird.

Es war eine große Loyalität zum Staat und zur Perestroika zu spüren. Urs Dohrmann berichtet von der Motivation für unsere Reise und von seinen Forschungen nach Juden in seiner Gemeinde zu Hause. Es gab ein jüdisches Ehepaar, das nach Minsk verschleppt wurde und dort zu Tode kam.

Paul Löffler dankt für die Bereitschaft für das Gespräch und überreicht eine Schallplatte mit Musik aus deutschen Synagogen. Mein lila Tuch gebe ich mit Dank an den Rabbiner, viele von uns haben Tränen in den Augen, auch der Rabbiner.

Dorothea Kerschgens

Gebet beim ökumenischen Gottesdienst

Gott, du hast uns auf diesen Weg geführt,
in dieses Land, zu diesen Menschen.
Wir haben tief in unsere Seelen geschaut,
und manche von uns haben sich gefragt:
Wie konnte ich mich damals so mißbrauchen lassen,
und andere haben sich gefragt,
wie hätte ich damals gehandelt, wenn ich vor der Entscheidung gestanden hätte.
Gott, in Chatyn haben wir unsere Schuld und Scham tief gespürt.
Die Verneigung vor den Toten wird zur Verpflichtung zum Leben.
Ist es nicht ein Zeichen des Lebens,
wenn in Chatyn, als wir neben dem Massengrab standen,
eine Lerche aufsteigt und dabei immer höher jubiliert?
Ist es nicht ein Zeichen des Lebens,
wenn die Knospen der Birken aufbrechen
neben der Flamme für jeden vierten verstorbenen Belorussen?
Gott, du hast uns mit Menschen zusammengeführt, die uns reich beschenkten.

Gemeinsame Tränen, ein Händedruck, ein Lächeln waren
Zeichen der Freundschaft trotz unserer Sprachlosigkeit.
In unseren Gesprächen spürten wir den Aufbruch in diesem Land,
der uns mit Hoffnung erfüllt.
Für die Gemeinschaft unter uns und
für die Gemeinschaft mit unseren Gastgebern und Partnern danken
wir.
Laß das Samenkorn, das hier gelegt wurde, aufgehen
und reiche Früchte tragen.
Dorothea Kerschgens

Abschied von Moskau

Am letzten Abend in Moskau trug uns Ella, eine unserer Dolmetscherinnen, ein Gedicht von Heinrich Heine, dem deutschen Lieb-
lingsschriftsteller der Russen, vor, mit dem sie sich in traurigen Stunden tröstet:

Herz, mein Herz, sei nicht beklommen
Und ertrage dein Geschick.
Neuer Frühling gibt zurück,
Was der Winter dir genommen.
Und wieviel ist dir geblieben
Und wie schön ist noch die Welt,
Und, mein Herz, was dir gefällt,
Alles, alles darfst du lieben.

Nach der Rückkehr

Mitgebrachtes

Ich habe viel aus Rußland mitgebracht. Bilder, Erinnerungen, Erfahrungen mit russischen Menschen. Besondere Bedeutung hat für mich ein faustgroßer Kieselstein, den ich Chatyn von einer anderen Reiseteilnehmerin erhielt. Sie hatte den Stein am Wiesenrand des Dorfes Chatyn gefunden und aufgehoben. Er stammt wohl noch aus der Bauzeit der Gedenkstätte. Auf einer Seite ist er gesprenkelt mit Zementspritzern. Ein wertloser kleiner Stein, für mich jedoch ein Gedenkstein. Ich nehme ihn oft in die Hand, und dann gehen meine Gedanken zurück nach Rußland, und ich sehe russische Menschen vor mir. Ich sehe, wie sie geschaut haben, als wir 149 Deutsche die Gedenkstätte betraten. Ich sehe ihre Augen und fühle meine Scham. Ich nehme den Stein in meine Hand und empfinde ihn als ein Gastgeschenk.

Mir fallen meine anderen Gastgeschenke ein. Wir waren in einem der Vorbereitungsschreiben des Christlichen Friedensdienstes aufgefordert worden, an Gastgeschenke zu denken und diese mit auf die Reise zu nehmen. In meiner Fantasielosigkeit habe ich zwei Flaschen Wein eingepackt. Andere Reiseteilnehmer waren ein wenig weitsichtiger. Sie packten sich parfümierte Seifenstücke oder schicke Strumpfhosen ein, die sie russischen Frauen schenken wollten. Am Ende der Reise waren bei mir der Wein, bei anderen Seife und Strumpfhosen noch immer in unseren Koffern. Wir hatten uns geschämt, diese Dinge weiterzugeben. Uns war klargeworden, daß wir uns mit dieser Art Geschenken eine Gönnerhaltung angemaßt hätten. Geschenke sind oft auch »kleinmachend« und verbinden nicht Beschenkten und Schenker, sondern trennen.

Ich habe das erste Mal an einer solchen Gruppenreise teilgenommen. Am Ende der Reise habe ich das Wissen mitgebracht, daß kleine Gastgeschenke einer großen Überlegung bedürfen. Der Christliche Friedensdienst hatte eine große Anzahl von Plakaten und auch Lithographien dabei, die jeweils unseren Gesprächspartnern als Geschenk überreicht wurden. Ich weiß nicht, wie es anderen Reiseteilnehmern ergangen ist, aber ich hatte das eine oder andere Mal Beklemmungen, als zum wiederholtem Male dasselbe Bild im Namen und als Dank der Reisegruppe überreicht wurde. Und wenn dann noch ein Satz billiger Ansichtskarten »Aus meiner Heimatstadt in der BRD« hinzukam, erinnerte es mich an die Praxis so mancher Marktschreier, die ihre Bananen nur loswerden, wenn sie noch ein paar gratis dazugeben.

Jetzt nach der Fahrt weiß ich mit »Mitgebrachtem« anders umzugehen. Es gab in unserer Gruppe auch sehr schöne und mich anrührende Gastgeschenke. So hatte zum Beispiel eine Teilnehmerin in ihrer Kirchengemeinde zusammen mit anderen Frauen einen Wandteppich gestaltet und diesen in einer russisch-orthodoxen Kirche als Zeichen des »Aneinander-Denkens« als Geschenk überreicht. Und die Idee eines anderen Teilnehmers, sich von dem Dekan seiner Heimatstadt eine Bibel mit Widmung und Grüßen der christlichen Gemeinde an Christen in Rußland mitgeben zu lassen, war viel überlegter als meine »Wohlstandsweinflaschen«.

Rainer Müller

Schweigen – reden – Fragen stellen

»Hauptsache Schweigen« schrieb mein Vater in sein Tagebuch. Er schrieb es im Winter 1941/42, als Hitler mit seinen Eroberungsplänen vor Moskau festsaß. Der »General Winter«, vor dem schon Napoleon kapituliert hatte, zwang nun auch die deutsche Wehrmacht zum Rückzug. In der Heimat wurde fieberhaft zu Spenden von Wollzeug, Pelzen und Schiausrüstung aufgerufen. Denn die Oberste Heeresführung hatte nicht vorgesorgt. In seiner Verblendung hatte Hitler geglaubt, Rußland innerhalb von drei bis längstens fünf Monaten besiegen zu können.

Wir Kinder, gerührt von den Appellen an die Bevölkerung, waren schon im Begriff, unsere ganze Skiausrüstung zur Sammelstelle der NS-Volkswohlfahrt zu tragen, da schritt Vater ein und ließ das nicht zu. Einen Grund gab er nicht an, und wir fragten auch nicht. Insgeheim waren wir erleichtert, unsere Skier behalten zu können, auch wenn wir sie von da an nicht mehr gebraucht haben.

Später begriff ich: In dem gleichen Winter, in dem die deutschen Soldaten wegen mangelnder Vorsorge im russischen Winter festsaßen, wurden riesige Sammeltransporte von Juden in Güterzügen aus Deutschland in die osteuropäischen Vernichtungslager transportiert. Mein Vater wußte das; woher, habe ich nie erfahren. Auf jeden Fall war ihm klar, daß es sinnlos sei, unsere Skiausrüstung zu opfern, während der kostbare Transportraum vordringlich nicht zur Versorgung der Truppe diente, sondern zur Vernichtung der Juden.

Solche Gedanken auszusprechen war damals gleichbedeutend mit Landesverrat; deswegen hielt Vater den Mund. Er war noch mehr gefährdet als andere Staatsbürger, denn er war Halbjude, und ihm war klar, daß eines Tages auch Leute wie er in die Vernichtungslager geschafft werden würden – wenn, ja wenn Hitler den Krieg siegreich beenden würde. Daß das nicht geschähe, hoffte er von ganzem Herzen, und der Winter, in dem die deutsche Offensive vor Moskau steckenblieb, war das erste Anzeichen, das ihm Hoffnung gab.

Im übrigen blieb alles genau, wie es längst gewesen war: Hitlers Partei herrschte durch ein System von Drohungen und Einschüchterung. Spitzel und Denunzianten waren allgegenwärtig. Alle hatten Angst und hüteten sich, den Mund aufzumachen – alle, bis auf ganz wenige Ausnahmen, Menschen, die entweder sehr leichtsinnig waren oder sehr mutig.

Das Schweigen fiel meinem Vater nicht leicht, denn er war ein mitteilsamer Mensch, dem man gern zuhörte. Andererseits allerdings hatte ihm schon die bürgerliche Erziehung, in der er aufgewachsen war, gewisse Tabus eingeimpft, die vor allem den persönlichen und familiären Bereich betrafen, vor allem die Sexualität. Verstärkt wurde das durch militärische Grundsätze, die ihm als Rekrut im kaiserlichen Deutschland in Fleisch und Blut übergegangen waren. Befehle schweigend entgegennehmen, gehorchen, indem man die Hacken zusammenschlug und »jawoll« sagte, das gehörte zu den Voraussetzungen soldatischer Pflichterfüllung, und daran hielt er auch später noch fest, ja, er lehrte es sogar seinen eigenen Sohn. Befehle waren blindlings auszuführen, Kritik war nicht erlaubt, auch wenn einem das nicht immer paßte. Durch solche Haltung rückte die kaiserliche Obrigkeit, in der jede militärische Autorität schließlich gipfelte, praktisch auf die Ebene des lieben Gottes.

Vergessen war die uralte christliche Erfahrung, daß nur solche Sünden vergeben werden, die zuvor bekannt worden sind, und die Beichte galt in dem von lutherisch-rationaler Tradition geprägten Deutschland als überholt. Statt dessen war Pflichterfüllung ein hoher Wert, wobei diese Pflicht bestimmt wurde von Geboten der bürgerlichen Moral. Im Grunde war das alles auch sehr bequem; denn es gestattete, Schmerzliches und Unbequemes unter den Teppich zu kehren und sich konfliktlos der herrschenden Meinung anzupassen.

Der erste, der es unternahm, der bürgerlichen Gesellschaft den Spiegel der Selbsterkenntnis vorzuhalten, war der österreichische Jude Sigmund Freud. Bei denen, die das am meisten hätte angehen müssen, erntete er wenig Dank, aber im Grunde hätte damals das ganze deutsche Volk auf die psychoanalytische Couch gehört. Adolf Hitler jedoch, als er an die Macht kam, verstärkte noch die bürgerliche Aversion gegen diesen Aufklärer. Er erklärte Freud zur Unperson (»jüdisch-zersetzend«), über den fortan nicht mehr gesprochen wurde, und knebelte das Volk mit neuen Tabus. Die Mehrheit schwieg und kuschte. Ein Mantel des Schweigens breitete sich aus, unter dem die ungeheurlichen Rechtsbrüche des Regimes geschehen konnten. Die meisten nahmen sie nicht einmal wahr, und falls sie sie wahrnahmen, wiegten sie sich in der Meinung, das müsse so sein. Später beteuerten die gleichen Menschen wieder und wieder, daß sie nichts gewußt hätten. »Recht ist, was dem Volke nützt«, lautete ein vielzitierter Grundsatz nationalsozialistischer »Recht«sprechung. Wer sich nach diesem Grundsatz als »Volksschädling« erwies, konnte spurlos verschwinden in Lagern und Tötungsanstalten – egal, ob er Minderjährige verführt, Feldpostpäckchen gestohlen oder Juden versteckt hatte.

Dreiundvierzig Jahre, nachdem das Unglück vorüber war, im Mai 1988, brachen einhundertfünfzig Frauen und Männer auf in die Sowjetunion, zu einer »Pilgerfahrt«. Sie wollten Buße tun für die Sünden der Väter an den Orten des Schreckens. Die meisten gehörten der jüngeren Generation an, manche sogar der dritten nach denen, die Täter waren. Einige hatten Väter im Krieg verloren, deren letzte Briefe sie hinterher mit Verwunderung, ja, manchmal mit Erschrecken lasen. Welche Ahnungslosigkeit war da zu entdecken, welcher Grad an Uninformiertheit, welches naive Vertrauen in die Heerführung – auch bei Männern, die bisher in den Augen ihrer Söhne als Gegner des nationalsozialistischen Systems gegolten hatten.

Was Deutsche in Rußland vollbrachten, war befohlen, daran besteht kein Zweifel. Es entzog sich der nationalsozialistischen Gerichtsbarkeit. »Für Handlungen, die Angehörige der Wehrmacht und des Gefolges gegen feindliche Zivilpersonen begehen, besteht kein Verfolgungszwang, auch dann nicht, *wenn die Tat zugleich ein militärisches Verbrechen oder Vergehen ist.*« So Adolf Hitler in einem Erlaß, fünf Wochen ehe er den Befehl zum Einmarsch in die Sowjetunion gab. Zwanzig Millionen Tote – nur ein Bruchteil von ihnen ist im Kampf gefallen, die meisten wurden erschossen, ermordet, hingerichtet, fielen den sogenannten Säuberungen zum Opfer, verhungerten, starben an Seuchen, in Arbeitslagern, auf der Flucht, Männer, Frauen, Kinder und Greise ohne Unterschied.

Gewiß, es gab auch mutige Männer, die nicht schweigend gehorchten, die das Grauen sahen; es gab sogar einige, die protestierten, doch es waren zuwenig. Es gab Offiziere, die es ablehnten, ihre Männer zum Morden zu kommandieren, und einige, die wenigstens darauf achteten, daß die Sensibleren aus ihrer Mannschaft zurückblieben, wenn Säuberungsaktionen befohlen waren. Ob sie so handelten, um Komplikationen zu vermeiden, oder aus mitfühlendem Verständnis, steht dahin.

Über die Untaten im Osten herrscht Schweigen. Was an den deutschen Juden geschah, war noch einigermaßen bekannt, doch was an den Bürgern der Sowjetunion geschah, hat kaum einer bemerkt. Von den Untaten sowjetischer Soldaten an der deutschen Bevölkerung ist oft die Rede. Aber viele Deutsche wollen immer noch nicht erkennen, daß diese Greuel die Folge von Untaten waren, die Angehörige unseres eigenen Volkes vorher in Rußland begangen hatten. Davon haben die Soldaten nichts erzählt, als sie aus Krieg und Gefangenschaft heimkamen. Sie schwiegen, und nur manchmal schrie nachts einer im Schlaf auf, weil Entsetzliches in ihm hochstieg.

Auch die Psychoanalytiker, Experten der menschlichen Seele, erwähnten das nicht. Haben sie nichts bemerkt? Waren auch sie vom Bazillus des Verdrängens befallen? Es gilt die Wahrheit: Wonach man nicht fragt, davon erfährt man auch nichts.

Heute, ein halbes Jahrhundert danach, steht die Generation derer, zu der die Täter gehören, auf dem Aussterbeetat. Gleichzeitig aber ist eine neue Generation im Kommen, die nicht belastet ist von alten Tabus, eine Generation, die ihre Fragen stellt und die Antwort verlangt.

Marlies Flesch-Thebesius

Informationen über die Russische Orthodoxe Kirche

Die Taufe des Volkes der Kiewer Rus im Jahre 988 war eine politische Entscheidung. Fürst Wladimir wollte Beziehungen aufnehmen zu den Ländern im Westen und im Süden. Voraussetzung dafür erschien ihm, nicht als Heide zu den meist christlichen Fürsten zu kommen.

Über die Vorgeschichte der Taufe der Kiewer Rus berichtet die Nestor-Chronik aus dem 11. Jahrhundert, die älteste russische Chronik, wie folgt:

Bevor er sich zur Annahme einer Religion entschloß, wollte Fürst Wladimir sich zuerst über die verschiedenen Religionen informieren. Deshalb sandte er Boten aus, die ihm über die Religionen berichten sollten. Diese Boten berichteten dann über die Religion der Juden: »Das ist eine gute Religion, aber die Juden haben ja keinen Staat.« Über den Islam: »Der Prophet erlaubt seinen Gläubigen die Ehe mit mehreren Frauen – und das scheint gut zu sein. Aber er verbietet den Genuß geistiger Getränke, und das erscheint uns gar nicht gut.« Über das Christentum des Westens: »Ihre Kirchen sind kalt und dunkel und ohne Schmuck, und das hat uns nicht gefallen.« Und schließlich über die Religion der Ostkirche: »Als wir dort in die Kirche kamen, wußten wir zuerst nicht, ob wir noch auf der Erde oder schon im Himmel waren. So himmlisch schön erschienen uns die Kirchen mit ihrem reichen Schmuck und den schönen Bildern und schließlich dem wunderbaren Gesang im Gottesdienst.« Und so kam es, daß Fürst Wladimir sich für die christliche Religion der Ostkirche entschied. Daraus geht aber auch hervor, daß schon lange vor dem Jahr 1054, dem Jahr der endgültigen Trennung zwischen Rom und Konstantinopel, bedeutende Unterschiede zwischen den Kirchen des Westens und denen des Ostens bestanden.

Im 11. und 12. Jahrhundert zerfiel die Macht der Fürsten der Kiewer Rus. Dann kam im ersten Drittel des 13. Jahrhunderts der Mongolensturm über das Land. Noch heute nennt man diese Zeit die Zeit des tatarischen Jochs. Alle russischen Fürsten wurden den Mongolen tributpflichtig. Nur der Norden Rußlands um die freie Stadt Nowgorod am Ilmensee blieb vorerst frei von der mongolischen Besatzung. Ab dem 13. Jahrhundert gewannen die Fürsten von Wladimir und Susdal wachsenden Einfluß und damit wachsende Macht in Rußland. Aber schon bald, im 14. Jahrhundert, verlagerte sich das Zentrum Rußlands nach Moskau. Die Macht konzentrierte sich mehr und mehr in den Händen der Fürsten von Moskau, die sich ab dem 14. Jahrhundert Großfürsten nannten. Aber immer noch war das Land – bis ins 16. Jahrhundert – den Mongolen tributpflichtig.

Im Jahr 1334 gründete der Abt Sergej das Dreifaltigkeitskloster im heutigen Sagorsk. Dieses Kloster wurde bald zu einer Stätte nicht nur der religiösen Erneuerung, sondern auch der nationalen Sammlung Rußlands, die dann im Jahr 1380 zum ersten russischen Sieg über die mongolischen Horden auf dem Feld von Kulikowo führte.

Im Jahr 1380 hatte sich gezeigt, daß die Mongolen nicht unbesiegbar waren. Darauf folgte ein Aufschwung im kulturellen Leben des russischen Volkes. Andrej Rubljov, Mönch und bedeutendster Ikonenmaler der »Moskauer Schule«, ist zwischen 1360 und 1370 geboren und 1430 gestorben. Sein Grab befindet sich im Andronnikov-Kloster in Moskau, und 1988 wird die Russische Orthodoxe Kirche ihn heiligsprechen. In den Jahren um 1410 entstanden Rubljovs schönste Ikonen, darunter die bekannte Darstellung der alttestamentlichen Dreifaltigkeit (Genesis, Kapitel 18). Aber dies ist nur eine von vielen Rubljov-Ikonen, die in dieser Zeit entstanden sind. Außerdem hat Rubljov nicht nur Ikonen gemalt, sondern, zusammen mit seinen Schülern und Nachfolgern, auch Miniaturen und große Fresken in einer ganzen Reihe von Kirchen geschaffen, beispielsweise im Dreifaltigkeitskloster in Sagorsk. Nach Rubljov hat kein Ikonenmaler mehr die außergewöhnliche Aussagekraft der Rubljov-Ikonen erreichen können.

Gegen Ende des 15. Jahrhunderts legte sich Ioan III. den Zarentitel zu. Ioan IV. (bekannt als Iwan der Schreckliche) gelang 1552 der Sieg über das mongolische Chanat von Kasan und 1559 über das Chanat von Astrachan. Nun war – außer der Krim – nach rund 250 Jahren ganz Rußland von der Herrschaft der Mongolen befreit.

1453 war Konstantinopel in die Hände der Türken gefallen. Die Stadt blieb zwar noch der Sitz des Patriarchen der griechischen Kirche. Aber Konstantinopel war nicht mehr das Zentrum der Ostkirche. Moskau wurde danach – nach dem Verständnis der russischen Kirche und des russischen Volkes – zum »dritten Rom«. 1589 wurde, basierend auf diesem Verständnis der russischen orthodoxen Kirche, der Metropolit von Moskau zum Patriarchen der russischen Kirche.

Gegen Ende des 16. Jahrhunderts starb das Zarengeschlecht der Rurikiden aus. Es folgten die Jahre der Wirren. Moskau geriet sogar für kurze Zeit unter polnische Herrschaft. Erst im 17. Jahrhundert, unter den Zaren aus der Romanov-Dynastie, wurde Rußland wieder zu einer starken Macht. Zar Peter I., der Große, dessen Weg zur Macht auch über das Dreifaltigkeitskloster in Sagorsk geführt hatte, verhinderte im Jahr 1700 die Wahl eines neuen Patriarchen. Von 1700 bis 1917 war jeweils der Zar das Oberhaupt der russischen Kirche. Das hatte positive und auch negative Folgen. Weltliche und kirchliche Macht in einer Hand ist der Kirche nie gut bekommen. Und so fiel es später den Oppositionellen und den Revolutionären nicht schwer, die Kirche für Fehlentwicklungen verantwortlich zu machen.

Ende 1917 wurde wieder ein Patriarch gewählt. Gleichzeitig, nach der Oktoberrevolution, begann die strenge Trennung zwischen Kirche und Staat. Aus der Trennung zwischen Kirche und Staat wurde schließlich eine Christenverfolgung, die zeitweise stärker und zeitweise weniger stark bis in unsere Tage andauerte.

Dem ausländischen Besucher im Jahre 1988 stellt sich die Russische Orthodoxe Kirche dar als eine allseits geachtete und beachtete Institution in der Sowjetunion. Die Kirche muß zwar die Gesetze des Staates achten. Sie kann auch keine Stellung gegen Partei und Staat beziehen. Sie hat nicht die Möglichkeit, für sich zu werben. »Werbung« für die Kirche in diesem Sinne wäre auch schon Religionsunterricht für Kinder. Diesen Unterricht erteilen die Mütter und vor allem die Großmütter. Trotzdem oder vielleicht gerade deswegen scheint die russische Kirche keine Sorgen um ihren Nachwuchs zu kennen. Daß die Gottesdienste so gut besucht sind, liegt daran, daß die Zahl der Kirchen viel zu gering ist für die große Zahl der Gläubigen. Die russische Kirche ist keine arme Kirche, obwohl sie nur von den Spenden der Gläubigen lebt.

Johann Dinter

Konsequenzen aus der Politischen Pilgerfahrt

Statt einer neuen Denkschrift eine »Lebendige Denkschrift«:
Politische Bildung im Prozeß von Erinnerung und Trauer

1. Der »Abschreckung« den Boden entziehen

Zurückgekehrt in die Bundesrepublik, fällt es schwer, das, was wir
als einzelne und in der Gruppe erfahren haben, mitzuteilen, nach-
vollziehbar zu machen. Es ist schwer, diese subjektiven Erfahrungen
in verändertes und veränderndes politisches Verhalten umzusetzen.
Die Frage ist: Wie kann die eigene – authentische – Erfahrung der
ebenso unvorstellbaren wie unabstreitbaren Wahrheit über deutsche Verbrechen an sowjetischen Menschen zusammen mit der
ebenso tief erlebten Bereitschaft von Sowjetbürgern mit uns, den
Nachkommen, einen neuen Anfang zu suchen und an friedlichere
und länger während Traditionen anzuknüpfen, im Rahmen politischer Bildungsarbeit so zur Geltung kommen, daß sie zu einem ent-
spannten und entkrampften Verhältnis zur Sowjetunion und zu den
Menschen, die in ihr leben, führt?

Vor allem seit dem letzten Kirchentag in Frankfurt ist an die EKD
immer wieder die Forderung herangetragen worden, sie möge eine
neue Denkschrift zum Verhältnis zur Sowjetunion erstellen, die, so
erhofft man es sich, eine ähnliche Wirkung haben sollte, wie seinerzeit die Ostdenkschrift im Verhältnis zu Polen. Diese Forderungen
wurden immer wieder mit der Begründung zurückgewiesen, die
EKD habe sich bereits 1981 mit ihrer Denkschrift »Frieden wahren,
fördern und erneuern« ausführlich zu diesem Thema geäußert,
überdies habe sie sich auch in den Jahren danach verschiedentlich
dazu zu Wort gemeldet und nicht zuletzt in dem gemeinsam mit dem
Bund der Evangelischen Kirchen in der DDR an die Gemeinden
gerichteten Wort eindeutig Position bezogen, ein Bedarf zu einer
neuen Denkschrift im Verhältnis zur Sowjetunion bestehe also nicht.
Für mich als Teilnehmer an dieser Pilgerfahrt, die als »Lebendige
Denkschrift« auch die Aufforderung der Friedensdenkschrift der
EKD, den Frieden zu fördern und zu erneuern, umzusetzen suchte,
stellt sich aber doch die Frage, ob diese Denkschrift nicht in ihrer

entscheidenden Aussage revisionsbedürftig ist. In der Frage, die 1981 die Diskussion beherrschte, ob die Sicherung des Friedens eher durch die Androhung des Einsatzes von Massenvernichtungsmitteln zu gewährleisten sei oder durch den völligen Verzicht auf sie, war die Denkschrift noch einmal den Heidelberger Thesen von 1959 gefolgt, die, in Anlehnung an die der Physikwissenschaft entlehnte Komplementaritätsthese diese beiden, im Grunde einander ausschließenden Positionen als komplementär, einander ergänzend angesehen hatten. Bereits damals war festgestellt worden, daß uns mit der Komplementaritätsthese nur eine »Gnadenfrist« gegeben sei, um uns endgültig von der Ausweglosigkeit der Abschreckungstheorie zu befreien. Diese »Gnadenfrist« wurde auch in der Denkschrift von 1981 noch nicht als beendet angesehen. Gleichzeitig war darin aber auch die Verpflichtung der Kirche betont worden, dafür zu sorgen, »daß keine Gewöhnung an dieses Provisorium einer Kriegsverhütung durch atomare Bedrohung eintritt« (S. 62). In diesem Zusammenhang war auch die vorrangige Notwendigkeit der Glaubwürdigkeit des eigenen Friedenswillens vor der Abschreckung hervorgehoben und gefordert worden, »daß man das Schlechte nicht nur im Gegner und im Gegner nicht nur das Schlechte sieht« (S. 63). Mit dieser Bereitschaft sind wir in die Sowjetunion gefahren.

Wir haben andere Erfahrungen gemacht, als sie der Formulierung der Heidelberger Thesen zugrunde liegen. Denn die Theorie, komplementäre, im Grunde aber einander ausschließende Wege zur Sicherung des Friedens im Atomzeitalter beschreiten zu können, hatten die Autoren der Heidelberger Thesen mit der Feststellung begründet, daß »in der gefährdeten und vorbildlosen Lage unserer Welt ... Menschen von verschiedenem Schicksal und verschiedener Erkenntnis verschiedene Wege zu diesem Ziel geführt werden (können)« (These VI). Diesen Gedanken hat auch die Denkschrift noch einmal aufgegriffen (S. 58). Gemeint waren damit sicher auch die Erfahrungen und Einschätzungen derjenigen, die den Krieg gegen die Sowjetunion selbst erlebt haben. Im Festhalten aber an der nuklearen Abschreckung als der tatsächlichen Form der Kriegsvermeidung kommt die Einschätzung derjenigen zum Zuge, die in der Sowjetunion einen gefährlichen, nur auf diese Weise abzuwehrenden

Gegner sehen. Dies bedeutet, daß Negativerfahrungen mit wie auch Negativeinschätzungen der Sowjetunion weiterhin das Verhältnis zu unserem östlichen Nachbarn bestimmen. Dieses Festhalten aber ist, wie es Altbischof Krusche in seinem vielbeachteten Vortrag auf dem Kieler Kongreß »Gottes Friede den Völkern« genannt hat, »zukunftslos«.

Wir sind in der Sowjetunion Menschen begegnet, die lachen und weinen und trauern können, die zeigen können, daß sie leiden, wenn sie sehen, daß die Jugend ihren eigenen, oft sehr eigensinnigen Interessen nachgeht, und die sich selbst kritisch fragen, was sie falsch gemacht haben.

Wir haben sie nicht angetroffen, die Menschen, denen das Leiden an einem unmenschlichen politischen System ins Gesicht geschrieben steht, wohl aber war glaubhaft, daß sie unter der Situation der gegenseitigen atomaren Drohung leiden, deren verantwortungslos hohe Kosten auf ihnen viel mehr lasten als auf uns. Wir sind Menschen begegnet, die die Situation, die sie mehr und tiefer schmerzt als uns, überwinden und die uns dazu zu Partnern gewinnen wollen. Sie wollen bauen am gemeinsamen Haus Europa, bringen dazu auch »Vorleistungen«, z. B. in der Weise, daß sie beschämend viel mehr über uns, unsere Sprache, unsere Kultur wissen als umgekehrt wir über sie.

Angesichts dieser – nicht nur von einzelnen, sondern von Gruppen – immer und immer wieder bezeugten Erfahrung muß das historische Konstrukt der Komplementaritätstheorie – seinerzeit entwickelt, um unversöhnliche Gegensätze zu überbrücken und eine drohende Kirchenspaltung zu verhindern – verabschiedet werden. Es ist überfällig, daß auf die Erfahrungen, Erkenntnisse und Einsichten derer gestützt, die ihre Angst vor dem ehemaligen Kriegsgegner haben überwinden können, jener Tendenz der komplementären Theorie der Heidelberger Thesen der Vorrang eingeräumt wird, die allein unser aller Überleben sichern kann.

2. Den Antikommunismus durchschauen und überwinden

Eine Teilnehmerin an der Fahrt gesteht in einem Zeitschriftenartikel beschämt ein, erst jetzt – nach der Fahrt – zum »Kommunistischen Manifest« gegriffen zu haben, das auch heute, 140 Jahre nach seiner Veröffentlichung, immer noch im »Giftschrank« stehe – sie sah in ihm ein »hinreißendes Stück« Literatur. Das »Gespenst des Kommunismus«, das Karl Marx und Friedrich Engels in ihrer Einleitung zum Kommunistischen Manifest ironisch beschwören, geistert auch heute noch durch die Welt. Die Angst, die dieses Gespenst auslöste, die Faszination, die es auf der anderen Seite ausstrahlte, die wütende, gnadenlose Bekämpfung, die es von Anfang an erfahren hat, die Zerrbilder, in denen die sozialistische und kommunistische Idee und Utopie schließlich allein sich entfalten konnten, die Nahrung, die sie damit wiederum seinen erbitterten Feinden gaben – all dies bestimmt unsere Geschichte bis heute.

Zur Bekämpfung der »bolschewistischen Gefahr« als der Bedrohung aller abendländischen Kultur wurden unsere Väter in den Krieg gegen die Sowjetunion gehetzt – auch mit ausdrücklicher Unterstützung und Billigung der Kirche –, ohne daß die allermeisten von ihnen auch nur die Möglichkeit gehabt hätten, sich mit der marxistischen Theorie auseinanderzusetzen. Dies wirkte, wie man sieht, auch noch lange in die Nachkriegszeit hinein. So war es nur zu leicht und ist es noch bis heute, die sozialistische Realität mit ihrem vermeintlichen oder tatsächlichen Anspruch in eins zu setzen, sie als Beleg für die Wirklichkeitsferne marxistischer Ideologie anzusehen. So konnte und kann auch nicht in den Blick kommen, daß die Herausbildung des Kommunismus / Sozialismus auch als Reflex auf Versäumnisse und Verschuldungen betrachtet werden muß, wie dies beispielhaft in Deutschland nach dem Kriege im »Darmstädter Wort« geschehen ist:

»Wir sind in die Irre gegangen, als wir übersahen, daß der ökonomische Materialismus der marxistischen Lehre die Kirche an den Auftrag und die Verheißung der Gemeinde für das Leben und Zusammenleben der Menschen im Diesseits hätte mahnen müssen. Wir haben es unterlassen, die Sache der Armen und Entrechteten gemäß dem Evangelium von Gottes kommendem Reich zur Sache der Christenheit zu machen« (These 5 des Darmstädter Worts von 1947).

Die erbitterte Bekämpfung der kommunistischen Idee in Gestalt der Sowjetunion von Anfang an hat also darin ihre Wurzel, daß Versäumtes nicht eingestanden und, dem Gegner unterstellt, mit ihm aus der Welt geschafft werden sollte.

Diesen Mechanismus sieht auch die Friedensdenkschrift der EKD, wenn es in ihr heißt: »Innere Schwierigkeiten werden häufig nach außen gewendet und produzieren Konflikte, die mit realen Interessengegensätzen nicht viel zu tun haben. Ausweglosigkeiten im Innern können Menschen so in Verzweiflung treiben, daß sie die Flucht in den Krieg suchen. Daraus ergibt sich an die Politik die Aufforderung, die Wurzeln der Schwierigkeiten im eigenen Bereich aufzudecken und jede Genugtuung über Schwierigkeiten des Gegners zu vermeiden« (S. 64).

Im Verhältnis zur Sowjetunion und ihren gegenwärtig erkennbaren, ernstzunehmenden Bemühungen, den Sozialismus mit neuem Leben zu erfüllen, kann diese Aufforderung nur bedeuten, daß alle Anstrengungen zu unternehmen sind, dieses Bemühen zu unterstützen. Damit stellt sich dann aber die Frage unabweisbar, was denn am politischen System der Sowjetunion, das sich unmißverständlich auf die Ideen des Sozialismus / Kommunismus beruft, so erschreckend und furchteinflößend sei – oder anders – ob dieses System nicht vielleicht gerade dadurch, daß es von unserer Seite nicht länger als das »Reich des Bösen« angesehen wird, überhaupt erst die Chance erhält, seine zweifellos auch furchteinflößenden und abschreckenden Seiten abzulegen, wie umgekehrt wir auch für die sowjetische Seite.

3. Bauen am gemeinsamen Haus Europa

Dies eröffnet drittens die Möglichkeiten zu einem Prozeß, der gerade erst begonnen hat. Die Unkenntnis in unserem Land über die Situation in der Sowjetunion ist erschreckend. Nur wenige kennen das komplizierte staatliche Gefüge, nur wenige haben eine Vorstellung von der unendlichen Weite und Vielfalt dieses Landes, nur wenige kennen sowjetische Schriftsteller, Künstler oder Filmschaffende, die wenigsten kaum die russische Sprache.

All diese Defizite sind Ausdruck des noch immer bestehenden Feindbildes, der Weigerung, den anderen, so wie er sich selbst versteht und verstanden wissen will, zur Kenntnis zu nehmen und zu verstehen zu suchen. Daß wir bei dieser Haltung nicht verharren können, wird jedem beschämend bewußt, der wie wir in die Sowjetunion gereist ist und die Begegnung mit Menschen gesucht hat. Für diese Begegnung möglichst vieler Menschen untereinander gibt es in der Sowjetunion bereits ein Wort: Volksdiplomatie. Gemeint ist damit ein reger Kontakt auf der Ebene des Volkes, unabhängig von den Gepflogenheiten und Zwängen, denen Träger politischer Ämter unterworfen sind. Unbelastet von der Befangenheit politischer Macht und ausgestattet allein mit der Vollmacht des eigenen Gewissens, der eigenen Wahrnehmung und Bereitschaft zur Verständigung, wird hier ein Weg gesucht, der dauerhaft und tatsächlich zu Aussöhnung und Frieden führen kann. Wie dies konkret aussehen kann, beschreibt ein Teilnehmer an der Fahrt, der in Moskau eine dritte Grundschulklasse besuchte und den Schülerinnen und Schülern ein Buch von Gudrun Pausewang mit dem Titel: »Ich habe einen Freund in Leningrad« überreichte. »Als Gegengabe habe ich neben einigen Bildern der Kinder einen ganzen Klassensatz Anschriften mitbekommen. Nun suche ich Kindergruppen, die diesen neun- und zehnjährigen Mädchen und Jungen in Moskau schreiben möchten. Sie warten schon darauf. Ich möchte die Anschriften gern weitergeben, damit auf vielfältige Weise eine Brücke des Friedens und der Freundschaft gebaut werden kann.« Für ihn ist die Einlösung dieses Versprechens eine Konsequenz aus dem, was er in Chatyn gesehen und begriffen hat.

Fred Dorn

Ich sehe meine Stadt mit anderen Augen

I.

Als im Juli 1944 das Gebiet Weißrußlands nach drei Jahren wieder von den Deutschen befreit war, hatte nicht nur der militärische Kampf in dieser Republik der Sowjetunion ein Ende, sondern auch der Terror von SS-, Straf- und Polizei-Bataillonen. Im »Plan Barbarossa« war skizziert, was deren Aufgabe war: Man dachte nicht nur an die militärische Unterwerfung der westlichen Sowjetunion, sondern an eine Art gigantischer Kolonialisierung des ganzen Gebietes westlich des Urals, was die Vernichtung der politischen und akademischen Elite und die Ermordung oder Versklavung der Menschen bedeutete. Da der Krieg des Deutschen Reiches gegen die Sowjetunion von Anfang an als Vernichtungskrieg geplant und geführt worden war, kamen die Opfer zum großen Teil auch aus der Zivilbevölkerung: Von etwa 20 Millionen Kriegstoten der Sowjetunion waren elf Millionen Zivilisten.

Was die Planer dieses Vernichtungskrieges unter Vernichtung verstanden, kann heute nur mit Mühe erfaßt werden. Einerseits sprengen die Dimensionen die menschliche Vorstellungskraft. Die planmäßige Ermordung, Versklavung und Verschleppung von Millionen Menschen entzieht sich jeder Begrifflichkeit.

Zum anderen fehlt es an Gesamtdarstellungen dieses Geschehens. Dies gehört in den Bereich der »zweiten Schuld«, wie Ralph Giordano die Verweigerung der Bearbeitung faschistischen Unrechts nennt. Schnell wurden die stalinistischen Greuel publiziert, schnell erinnerte man sich seines – auch kirchlich untermauerten – Antikommunismus. Verbrechen an Kommunisten hatten das Signum verminderter Schuld, wenn überhaupt von Schuld in diesem Zusammenhang gesprochen wurde. Das Gespenst der kommunistischen Weltherrschaft ging erneut um und machte auch den faschistischen Vernichtungskrieg noch zum Bellum iustum.

II.

So wenig verbreitet die historische Information über diesen Krieg ist, so wenig vorbereitet ist die Begegnung mit den Opfern. Denn es gibt sie ja noch, die Überlebenden, die Kinder und Geschwister, die Angehörigen der vielen Millionen Toten, die wieder nach Hause gekommenen Zwangsarbeiter, die Veteranen, Kriegsversehrten, zeitlebens Verstümmelten. Sie begegnen uns in Minsk auf der Straße, in den orthodoxen und baptistischen Gemeinden, wir sehen sie Kränze niederlegen am 9. Mai, wir sehen sie in der Kirche um ihre Toten weinen. Und neben den noch lebenden Opfern dieses Krieges gehen wir durch das Museum des »Großen Vaterländischen Krieges« in Minsk, bleiben vor den Schautafeln stehen, sehen die Photos deutscher Offiziere an, auf denen gehenkte Russen dokumentiert werden. Wir hören, neben den überlebenden Opfern, auf die Erklärungen und Erläuterungen unserer Begleitung, erfahren von den 260 Konzentrationslagern allein im Gebiet Weißrußlands, erfahren von Vergeltungsaktionen, von brutalstem Vorgehen gegen Kinder und Frauen, erfahren von immer wieder neuen Facetten dieses Vernichtungskrieges.

III.

In der Zeitung »Kurskaja Prawda« Nr. 30 vom 8. März 1943 wird der Brief von Soja Neronowa aus Kursk an ihre Mutter abgedruckt. Soja lebt seit einigen Monaten irgendwo in Deutschland, zur Zwangsarbeit verpflichtet, verschleppt. Sie ist eine von Millionen. Sie schreibt nach Hause:

»Guten Tag, meine Lieben, Mutti, Tante Lena und Onkel Pascha, ich schicke Euch herzlichste Grüße und wünsche Euch das Allerbeste in Eurem Leben. Fünf Monate ist es schon her, daß wir Abschied genommen haben und ich allein in der Fremde lebe ... Unser Leben ist so schwer! Liebe Muttti, wir sind hier wie in einem Gefängnis, im Gefängnis muß es sogar besser sein, dort sitzt man eine bestimmte Zeit ab und kommt dann wieder frei, aber niemand weiß, wann wir wieder frei sind ... Wir haben schon die Hoffnung verloren, heimzukehren ... Kranke läßt man nach Hause, allerdings auch nur Schwerkranke. Ich bete zu Gott, daß ich wenigstens krank werde ...« (aus: Eine Schuld, die nicht erlischt. Dokumente über deutsche Kriegsverbrechen in der Sowjetunion, Köln 1987).

Ich lese diesen Brief genau 45 Jahre nach seiner Veröffentlichung in der Zeitung. Ich stelle mir diese junge Frau vor, von der ich nicht mehr weiß als das, was sie in ihrem Brief selbst schreibt.

Ein Einzelschicksal. Millionenfach vervielfältigt hat sich dies so ereignet, ist diese Trauer, diese Qual vor 45 Jahren unter uns verursacht worden. Dieser Brief läßt mich nicht wieder los.

In Minsk treffen wir eine Frau bei einem Besuch in der Pfingst-Gemeinde, die auch »dienstverpflichtet« worden war, wie es damals in der Sprache der deutschen Behörden hieß. Sie kann deswegen ein paar Worte Deutsch.

IV.

Ich komme wieder nach Hause zurück und beginne in meiner Stadt zu suchen. Wenn Millionen von Menschen aus den benachbarten Staaten während der Zeit des Faschismus im Deutschen Reich als Zwangsarbeiter waren, dann müssen doch auch hier in Frankfurt Lager gewesen sein, Arbeitsplätze und Unterbringungen. Ich habe in meinem Geschichtsunterricht – »Heimatkunde« hieß das bei uns in den 50er Jahren noch – nichts davon gehört. Ich habe in unserem Stadtbild bisher nichts davon wahrgenommen. Ich habe davon bisher überhaupt nichts gewußt. Ich beginne also zu suchen.

Eine Adresse ist das Frankfurter Stadtarchiv, eine weitere der »Studienkreis zur Erforschung und Vermittlung der Geschichte des deutschen Widerstands«. Über einen befreundeten Pfarrer erfahre ich, daß auf dem Friedhof Frankfurt-Sossenheim Menschen aus der Sowjetunion begraben sind.

Nach und nach spüre ich einzelne Dokumente auf, erfahre etwas über die Ausmaße dieses verschwiegenen Kapitels unserer »Heimatkunde«, erfahre u. a., daß in den Räumen eines von mir gern besuchten Lokals ein »Ostarbeiter-Lager« war. Und das Ausmaß meiner Betroffenheit wächst mit den Spuren, die ich finde. Betroffenheit über das, was war, und Betroffenheit über die Art, mit dieser Geschichte umzugehen, nämlich sie zu verschweigen.

V.

Langsam fügen sich einzelne Informationen zu einem Gesamtbild zusammen. In Frankfurt gab es 1941 bis 1945 eine große Anzahl Lager für Zwangsarbeiter. Sie wurden aus den Ländern ins »Deutsche Reich« verschleppt, in die Wehrmacht und SS vorgedrungen waren. Nach einer Statistik vom 1. April 1943 gab es in Frankfurt insgesamt 143 (!) Lager. Die größten waren wohl die der IG-Farben

(Hoechst-AG) mit insgesamt 5077 Zwangsarbeitern, davon ein Viertel Frauen (diese Zahl nennt der Hoechst-Direktor Ernst Bäumler in seinem Buch »Die Rotfabriker«, München 1988).

Bis zum März 1944 wurden allein aus dem Gebiet der Sowjetunion zwei Millionen Frauen und Männer, aber erwiesenermaßen auch Kinder zur Zwangsarbeit ins Deutsche Reich gebracht. In der Sowjetunion wurden ganze Landstriche entvölkert, um den Arbeitskräftebedarf des Deutschen Reiches zu decken. Während man sich zunächst noch auf der Basis von »Freiwilligenwerbung« Arbeiter beschaffte, herrschte schon bald – spätestens seit 1942 – offene Gewalt bei der Rekrutierung. Insgesamt wurden sieben bis zehn Millionen Frauen, Männer und Kinder zur Zwangsarbeit verschleppt. Zunächst wurden sie in »Durchgangslager«, die den Gauarbeitsämtern unterstellt waren, gebracht, dann auf Arbeitslager verteilt.

Die Arbeiter aus westlichen, skandinavischen oder verbündeten Ländern (z. B. Italien) hatten Anspruch auf Mindestlohn und sogar auf Urlaub. Sie konnten sich am Ort relativ frei bewegen. Doch oft genug standen auch ihre Rechte nur auf dem Papier. Dagegen waren die Zwangsarbeiter aus Polen und der Sowjetunion in einer ungleich schlechteren Lage. Als Menschen »minderer Rasse« bekamen sie weniger zu essen, mußten mehr und schwerer arbeiten, durften weder Zeitung lesen noch Rundfunk hören. Jeder Kontakt zu deutschen Kollegen stand unter Strafe. In einem Merkblatt von 1942 heißt es unter anderem auch: »Kirchenbesuch ist Ostarbeitern verboten. Auch seelsorgerische Betreuung durch Deutsche ist nicht gestattet« (»Eine Schuld, die nicht erlischt«, a. a. O.).

Zwangsarbeiter trugen in der Regel Zivilkleidung. Die »Ostarbeiter« mußten aber besondere Kennzeichen aufmalen oder -nähen: O für »Ostarbeiter«, P für Pole usw. Sie waren im Lager auch streng bewacht.

Die Haltung der ortsansässigen Bevölkerung den Zwangsarbeitern gegenüber war sehr unterschiedlich. Zum Teil profitierten sie, z. B. durch die niedrigen Arbeitslöhne oder durch eine Arbeit in der Bewachung und Verwaltung der Lager. Zum Teil aber unterstützten sie die Arbeiter durch heimlich zugesteckte Lebensmittel oder Textilien.

VI.

Die Kirchengemeinden in Frankfurt-Sossenheim laden mich ein, während der Friedenswoche an einem Abend über unsere »Politische Pilgerfahrt« in die Sowjetunion zu berichten. Natürlich hat es auch in Sossenheim Zwangsarbeiter gegeben. Und: In Sossenheim gibt es auf dem Friedhof ein ganzes Gräberfeld mit Grabsteinen, auf denen sowjetische Namen stehen. Ich versuche herauszubekommen, wessen Gräber das sind, welches Schicksal sich hinter diesen Namen verbirgt. Ich kann jetzt nicht mehr nur über unsere Begegnungen in Minsk und Moskau erzählen. Ich will auch über Frankfurt reden.

In einer Lagerliste der »DAF – Gauverwaltung Hessen-Nassau, Hauptdienststelle« vom 1. April 1943 ist unter der laufenden Nummer 92 folgende Eintragung zu finden:

»Jakob Noll, Ffm.-Höchst, Leverkuserstr.
Lager: Ffm.-Sossenheim, Volkshaus

3 Holländer		m.
4 Flamen		m.
1 Wallone		m.
61 Franzosen		m.
29 Italiener		m.
1 Protektorat		m.
9 Polen	S.	m.
14 Litauer		m.
3 Ukrainer	O.	m.
42 Russen	O.	m.«

(Zu den Abkürzungen: m. = männlich, S. = »Schutzangehörigkeit des Reiches«, O. = »Ostarbeiter«)
Aus: Petra Meyer: Das Arbeitserziehungslager Heddernheim unter Berücksichtigung anderer Arbeitslager, Frankfurt/M. (November) 1984.

Hinter dieser Auflistung verbergen sich 167 zufällig am 1. April 1943 erfaßte Opfer deutscher, faschistischer Gewaltpolitik. In den Nürnberger Kriegsverbrecherprozessen wurde der gesamte Einsatz ausländischer Arbeiter und Arbeiterinnen in Deutschland als »Sklavenarbeit« verurteilt.

Über die Zustände im Lager »Sossenheimer Volkshaus« – heute beherbergt es ein Lokal und ein Kinder- und Jugendzentrum – haben wir vor allem durch die Aussage der Sossenheimer Lehrerin Juliane Kinkel vom Februar 1946 vor der Spruchkammer Frankfurt Kenntnis. Frau Kinkel hatte zeitweise als Übersetzerin dort gearbeitet. (Dort beschreibt sie aus ihrer Sicht, was am 10. Mai 1946 auch ehemalige Sossenheimer Lagerinsassen in Paris zu Protokoll geben.) Im Prozeß gegen den Leiter des Lagers Sossenheimer Volkshaus, Dietrich Krebs, wird ihre Aussage protokolliert:

»... Er kümmerte sich nicht um die Kranken und ließ sie ohne Essen und Pflege in den Baracken liegen ... Er verbot Kochen innerhalb und außerhalb des Lagers und schnitt die elektrischen Drähte weg und nahm den Leuten die selbstgefertigten Kochplatten weg ... Er bestahl die Leute um die zustehenden Rationen in unerhörtem Ausmaß. Wenn Revision kam, war das Essen gut, sonst erhielten die Leute wochenlang nur dünne Suppen ... Krebs selbst feierte in seiner Wohnung mit Freunden Gelage, die er mit Lebensmitteln aus dem Lager bestritt ... Bei dem Weggang des Krebs sollen 19 Zentner Mehl gefehlt haben ...« (zitiert nach: Artin Akyicz: Ausländische Arbeiter im Dritten Reich 1939–1945 am Beispiel Frankfurt, Dipl.-Arbeit 1983/84).

VII.

Viele Zwangsarbeiter sind an den Folgen von Unterernährung und Entkräftung gestorben, einige wurden mit oder ohne Gerichtsverfahren getötet.

Auf dem Sossenheimer Friedhof gibt es 144 Gräber, die meisten der dort Begrabenen stammen aus Rußland, der Ukraine, Weißrußland. Außer den Namen – soweit diese bekannt waren – sind die Todesdaten angegeben. Auffällig ist eine Häufung der Todesdaten Ende April 1945, also kurz nach dem Einmarsch der Amerikaner in Frankfurt. Woran sie gestorben sind, ist zunächst ungewiß. In Sossenheim selbst erzählen die Älteren, daß sich viele dieser Zwangsar-

beiter mit Methylalkohol vergiftet hätten. Dies sei nach ihrer Befreiung durch die Amerikaner geschehen, also etwa Ende April 1945.

Ich versuche, Näheres beim Friedhofsamt zu erfahren. Dort höre ich, daß im Jahr 1954 eine Liste dieser Gräber mit den Namen, Todestagen und Todesursachen, soweit diese Daten bekannt sind, erstellt worden war. Allerdings könne man mir – aus datenschutzrechtlichen Gründen (!) – keinen Einblick in diese Liste geben. Ich frage mich, wer oder was hier eigentlich vor wem geschützt werden soll. Der Frankfurter Datenschutzbeauftragte gibt mir recht: Hier ist nichts zu schützen. Ich bitte den Dekan des Dekanats Frankfurt-Höchst, offiziell den zuständigen Stadtrat, den »Dezernenten für Umwelt, Brandschutz und Stadtgrün« um die Informationen zu ersuchen.

Ich bin vor allem deswegen an den Todesursachen interessiert, weil ich inzwischen mißtrauisch bin: Zu glatt scheint mir diese Version zu sein, daß sich die »Russen in ihrer Gier nach Alkohol« alle selbst ums Leben gebracht hätten. Während wir weiter versuchen, Einsicht in die Liste der Stadt zu bekommen, finde ich einen Hinweis in der Autobiographie (»Nie den Mut verlieren – Erinnerungen an Schicksalsjahre der deutschen Chemie«) des ehemaligen Direktors der Farbwerke Hoechst, Professor Winnaker. Er schreibt von »über hundert« ehemaligen Zwangsarbeitern, die sich durch mit Zucker versetztem V2-Raketen-Betriebsstoff vergiftet hätten.

Inzwischen schien es uns um so dringlicher, die »offizielle« Darstellung der Stadt zu erfahren, als sich, auf unsere Einladung hin, eine kleine sowjetische Delegation für den 10. November in Sossenheim angesagt hatte. Mit ihnen zusammen, dem Erzbischof von Gorki, Nicolai, dem stellvertretenden Vorsitzenden des weißrussischen Friedenskomitees, Ivan Kirichenko, sowie der Hochschullehrerin Lena Minakowa wollten wir an den sowjetischen Gräbern der Opfer des Faschismus gedenken. Nach unzähligen Telefongesprächen und nachdem sich nun auch noch eine Stadtverordnete für unser Anliegen stark gemacht hatte, erhalten wir endlich Post aus dem Rathaus:

Informationen über die auf dem Sossenheimer Friedhof beerdigten Russen
Ihr Schreiben vom 03. 11. 1988 – HB/IH –

Sehr geehrter Herr Dekan Blum,

nach den im Garten- und Friedhofsamt vorliegenden Unterlagen sind 110 Russen, Ukrainer und Letten auf dem Sossenheimer Friedhof beerdigt. Bei den Bestatteten wurden folgende Todesursachen angegeben:

7 Fälle – Methylalkoholvergiftung
11 Fälle – Atemlähmung (Poluolvergiftung)
56 Fälle – Vergiftung
1 Fall – Brechdurchfall (Lebensschwäche)
2 Fälle – Bauchschuß
1 Fall – Schußverletzung
1 Fall – Erschossen
5 Fälle – Lungentbc

1 Fall – Tbc pulm. utr. cavernosa
1 Fall – Miliar-Tbc
1 Fall – Asthma (Uleus ventriculi)
1 Fall – schwere sept. Phlegmone des rechten Armes
2 Fälle – Masern
1 Fall – innere Blutung

In 19 Fällen wurden keine Aussagen über die Todesursache gemacht.

  Bei der Bewertung der vorgenannten Angaben darf ich Sie darauf hinweisen, daß diese keinen Anspruch auf Vollständigkeit haben.

Sehr viel weiter hilft uns nun der Brief doch nicht. Auf dem Friedhof gibt es mehr als 110 Gräber mit Opfern aus der Sowjetunion. An Alkoholvergiftung scheinen auf jeden Fall weniger als hundert gestorben zu sein. Letzte Klarheit wird es wohl nicht mehr geben. Aber es bleibt ja auch die Frage, ob letzte Details noch viel mehr bringen. In jedem Fall ist deutlich geworden, daß den Menschen, die als Zwangsarbeiter nach Deutschland verschleppt wurden, schon damit großes Unrecht geschehen ist. Daß ein Teil von ihnen dabei ihr Leben verloren hat, an Tbc, Masern gestorben ist, erschossen wurde oder eben durch Vergiftung starb, steigert das Unrecht dieser Sklavenarbeit kaum noch. Die »Vernichtung durch Arbeit« war ja eine Methode nationalsozialistischen Terrors. Dem Tod eines »Ostarbeiters« scheint man allenfalls ökonomische Bedeutung beigemessen zu haben.

VIII.

Die mühselige Puzzlearbeit, Spurensuche, ist noch lange nicht zu Ende, erfährt aber am 10. November eine Zäsur. Die Gäste aus der Sowjetunion sind in Sossenheim angekommen. Während des Mittagessens berichten wir über unsere Vorbereitungen und die Planung für den Tag. Beim anschließenden Pressegespräch berichten die Gäste über ihre Friedensinitiativen in der Sowjetunion. Der gemeinsame Weg zu den Gräbern der Zwangsarbeiter mit Vertretern der katholischen und zweier evangelischen Gemeinden, der Vereine, einer Vertreterin der Stadt Frankfurt und den drei sowjetischen Gästen wird durch das gesungene Gebet des Erzbischofs abgeschlossen.

IX.

Seit diesen Wochen sehe ich meine Stadt mit anderen Augen. Ich kenne jetzt viele der 143 Plätze, an denen Lager für Zwangsarbeiter waren. Auf meinem täglichen Weg zur Arbeit komme ich allein an zwei solchen Adressen vorbei. Und ich höre die Worte der Soja Neronowa, »im Gefängnis muß es sogar besser sein«.

Was können wir heute – 45 Jahre danach – tun? Vielleicht können wir ganz einfach damit beginnen, traurig über diese ganze organisierte Unmenschlichkeit, über den Verlust jeder menschlichen Orientierung in der politischen Verantwortung jener Zeit zu sein. Aus dieser Trauer kann die Verantwortung für unsere Zeit wachsen. Unsere Zeit mit dieser Geschichte, die der Opfer zu gedenken hat, unsere Zeit mit der Dimension der Zukunft, die wir zu verantworten und zu gestalten haben.

Helwig Wegner

Nach der Reise: Mit anderen Augen lesen

Ein halbes Jahr nach unserer politischen Pilgerfahrt: Vor mir liegt ein kleiner Aufsatz des russischen Schriftstellers Ales Adamowitsch, Eine Schuld, die nicht erlischt (in: Dokumente über deutsche Kriegsverbrechen in der Sowjetunion, Köln 1987). Ich lese den Aufsatz nach meiner Reise mit neuen Augen. Ich spüre ganz deutlich, daß das Hinfahren an Orte des Schreckens mir neue Lese-Erfahrungen ermöglicht.

In jedem der Häuser der Gedenkstätte Chatyn sind Namentafeln angebracht, auf denen die ermordeten Hausbewohner beim Überfall des Batallions Dirlewanger verzeichnet sind. Bei den Kindern ist zusätzlich zum Namen noch das Lebensalter vermerkt, also zum Beispiel 14 Tage alt oder 2 Jahre. Jetzt lese ich bei Adamowitsch, daß Hitler 1937 in einer Rede gesagt hat, »ein Kind ißt mehr als ein Erwachsener« (S. 11).

Die mir bis zu meinem Rußlandaufenthalt unvorstellbare Konsequenz dieses Hitler-Satzes ist nach meinem Aufenthalt vorstellbar geworden. Wegen der Ernährungslage des deutschen Volkes hat Hitler die Absicht gehabt, die eroberten Ostgebiete als »Speisekammer« für die Bevölkerung Deutschlands zu mißbrauchen. Weil Kinder mehr essen als Erwachsene, mußten diese ermordet werden. Heute erschrecke ich über den in mir vorhandenen Mechanismus, daß ich vor dieser Rußlandreise das zwar mit dem Kopf gewußt, aber nicht verstanden habe. In der Nähe von Chatyn liegt ein Dorf namens Dora. Adamowitsch berichtet von dem Vater eines Kindes. Julian Rudowitsch hat miterlebt, daß der SS-Sturmbannführer Dirlewanger genau wie in Chatyn die Dorfbewohner an einem Ort zusammentreiben ließ. In Chatyn war dieser Ort die Scheune, in Dora war es die Kirche. In Dora schlug Dirlewanger den Eltern der Kinder vor, sie könnten ihr Leben retten und in Deutschland arbeiten, sie bräuchten nur die Kirche zu verlassen. Allerdings müßten die Kinder in der Kirche verbleiben. Die Kirche wurde angezündet, und die Kinder verbrannten. »Ein Kind ißt mehr als ein Erwachsener«, so hatte Hitler längst vor dem Krieg gesagt. Kaum einer hatte damals verstanden, welche teuflische Wahrheit sich hinter diesem Satz verbirgt. Am Anfang waren es nur Worte. Nach der Reise verstehe ich anders als vorher.

Wenn ich jetzt in Adamowitschs Aufsatz lese, dann rütteln mich seine Worte auf. Sie machen mich sensibel, auf Worte genau zu hören. Gerade heute, wo in unserem Land z. B. Republikaner und ihre Gesinnungsgenossen wieder »nur Worte machen« gegen Aussiedler und andere, die als Wirtschaftsflüchtlinge uns angeblich unser Brot wegessen wollen und die mit so vielen Kindern zu uns kommen, daß »sie vom Kindergeld allein gut leben können«. Schreckliche Worte.
Rainer Müller

Die nächsten Schritte

Versöhnung zwischen den Völkern der Sowjetunion und der Bundesrepublik Deutschland

Professor Dr. Leonid G. Istjagin ist Geschichtswissenschaftler und arbeitet am Institut für Weltwirtschaft und Internationale Beziehungen in Moskau. Er ist Mitglied der Religiösen Kommission des Sowjetischen Friedenskomitees, mit dem zusammen die Politische Pilgerfahrt vorbereitet und gestaltet wurde. Im Auftrag und im Namen der Religiösen Kommission hat er die Teilnehmer an der Politischen Pilgerfahrt begrüßt und sie während der Tage in Moskau begleitet. Der nachfolgende, dem Christlichen Friedensdienst übergebene Beitrag stellt die Schwierigkeiten des Prozesses von Versöhnung und Verständigung mit den Völkern der Sowjetunion aus sowjetischer Sicht dar.

Die Politik der Annäherung an den Westen, der Kurs auf ein besseres Verständnis mit den Völkern, Regierungen und den Menschen in der kapitalistischen Welt ist ein wichtiger Bestandteil der außenpolitischen Dimension der sowjetischen Perestroika, was auch den Namen »Neues außenpolitisches Denken« trägt und für ganz Europa vom Atlantik bis zum Ural in der Idee des Europäischen Hauses ihren konzeptionellen Ausdruck findet. Die Funktion unserer Beziehungen mit der BRD ist hier überaus wichtig. Die Sowjetunion und ausnahmslos alle anderen Mitglieder der sozialistischen Gemeinschaft sind unmittelbar an einer neuen Qualität des Zusammenwirkens mit der Bundesrepublik interessiert.

Die Losung der Versöhnung mit den Völkern und Menschen unserer Länder, erstmals formuliert von christlichen Kirchen der Bundesrepublik, wird von der sowjetischen Öffentlichkeit in diesem Sinne verstanden und begrüßt. Die ersten Praktiken und Kontakte vor allem im Rahmen beiderseitiger Friedensbewegungen erwiesen sich fruchtbringend und erfolgversprechend. Gleichzeitig lassen die schon angesammelten Erfahrungen auch bedeutende noch nicht bewältigte Probleme erkennen, die, wenn sie nicht entsprechend gelöst werden, den Prozeß der Annäherung eher bremsen als fördern würden.

Nachfolgend wird ein Versuch gemacht, ganz schematisch ein paar Komplexe dieser Schwierigkeiten von unserer Seite anzudeuten.

I.

Vor allem geht es nicht immer ganz glatt und selbstverständlich in der Auffassung der Sowjetmenschen *mit dem Begriff »Versöhnung« selbst*. Das Wort kommt aus christlichem Vokabular, entspricht einem guten, auch von Nichtchristen angesehenen evangelischen Prinzip, aber scheint ohne spezielle Deutungen und Relativierungen mit der marxistisch-atheistischen Ideologie ziemlich schwer zu vereinbaren. Was ist mit dem Begriff Versöhnung etwa in der marxistischen Theorie des Klassenkampfes anzufangen? Kann man sich mit dem Klassenfeind versöhnen? Wenn ja, dann unter welchen Bedingungen, in welchen Umständen? Diese Fragen sind um so heikler, da auch die internationalen Beziehungen unserer Tage von einigen einflußreichen Theoretikern vor allem als Klassenverhältnisse betrachtet und qualifiziert werden.

Gerade in dieser Schwierigkeit vermag uns die neue geistige Situation zu helfen, die in der Sowjetunion im Zuge der vor sich gehenden Umgestaltungen die Oberhand gewonnen hat. Große Beachtung wird in der heutigen sowjetischen Publizistik der Formel von Marx geschenkt, nach der es gar nicht immer zweckmäßig sei, Privateigentümer zu expropriieren. Gleichzeitig mit der ganz eindeutigen Mißbilligung Stalinscher Praktiken der Liquidierung der Klassen wird in der öffentlichen Meinung die Konzeption von N. I. Bucharin über »die Befriedigung der Klassen« diskutiert (N. I. Bucharin: Ausgewählte Werke, Moskau 1988, S. 186; übrigens entspricht sein Terminus »Samirenije« am ehesten dem Sinn des deutschen Wortes »Versöhnung«).

Am wichtigsten aber ist es, die Position von M. S. Gorbatschow und anderen führenden sowjetischen Politikern, die friedliche Koexistenz mit dem Westen, überhaupt nicht als Form des Klassenkampfes zu verstehen, sondern sie als Mittel zur Lösung der akuten globalen Probleme zu interpretieren. Dadurch gewinnt auch die Versöhnung / Verständigung einen viel freieren Raum zu ihrer Entfaltung.

II.

Hindernisse für die Akzeptanz der Versöhnungsformel und insbesondere für deren praktische Erfüllung in beiderseitigen Beziehungen bereitet auch die nicht aus der Welt zu schaffende *hartnäckige Realität des Vorhandenseins von zwei verschiedenen, mehr noch: entgegengesetzten, in vielem antagonistischen sozialen Weltsystemen.* Wenn etwa die westdeutsch-französische Versöhnung uns als eine Art Muster zur Nachahmung empfohlen wird, so trifft das nicht ganz, worum es geht. Deutsche und Russen waren nie Erbfeinde, wie Deutsche und Franzosen es gewesen sind, aber Russen und Westdeutsche gehören dem sozialistischen bzw. dem kapitalistischen System an, und das wiegt schwerer als die auch immer schwer belastete Vererbung in den deutsch-französischen Beziehungen.

Eine der wichtigsten Voraussetzungen für die Versöhnung zwischen den Menschen bildet naturgemäß die maximale Öffnung zwischen den Staaten, in denen diese Menschen leben. Einer solchen Öffnung aber sind sowohl in ökonomischer (Eigentumsverhältnisse, Währungen, Preise) als auch in sozialer (Beschäftigungsgrad, Lebensstandards, Wohlstandsunterschiede, Disparitäten in sozialer Sicherung), in militärischer (Blöcke, Streitkräfte, fremde Truppen, Grenzüberwachungen, Militärgeheimnisse) und in politisch-ideologischer (Massenkulturen, manipulative Instrumentarien, Sicherheitsdienste, ideologisierte Sprache usw.) Hinsicht enge Grenzen gesetzt.

Jetzt sind wir Zeugen der Bemühungen geworden, Systembarrieren wenigstens zu senken. Bedeutende Fortschritte in den beiderseitigen Verhältnissen BRD – UdSSR sind zu verzeichnen. Vieles ist für ein besseres Klima schon getan worden. Das alles ist natürlich begrüßenswert. Wie sehen aber auf diesem Gebiet die weitergehenden Perspektiven aus?

Mit dieser Fragestellung berühren wir das prinzipielle Problem: nämlich das der Veränderbarkeit der Systeme. Es gibt hüben und drüben Optimisten (etwa einige sozialdemokratische Theoretiker in der Bundesrepublik), die dazu neigen, letzten Endes ein volles Zusammenschmelzen der Systeme zu prognostizieren. Ihnen stehen aber vorsichtigere Denker gegenüber, die Entsprechendes nicht erwarten. Die Antwort der Perestroika auf diesen Fragenkomplex, die auch ich für die heute einzig richtige halte, lautet ungefähr so: Die Systeme müssen ihre Kräfte und Potentiale in vollem Umfang und im partnerschaftlichen Wettbewerb in den Kampf für die Lösung der globalen menschlichen Probleme einbringen. Sonst können die letzteren überhaupt nicht bewältigt und der Mensch samt seiner Zivilisation, das Leben und vielleicht die übrige Natur nicht gerettet werden. Für diese Zusammenarbeit benötigen die Staaten unbedingt immer mehr Vertrauen zueinander, gegenseitige Hilfe, Information und als Folge – mehr Offenheit. Dies ist meines Erachtens der Weg zur echten Versöhnung.

III.

Aber im Bewußtsein der Sowjetmenschen ist die westdeutsche Bundesrepublik auch in dieser Situation der schwierigen Konkurrenz-Partnerschaft der Systeme ein Sonderfall. Mit ihr verbindet sich vor allem das schreckliche *Trauma des Zweiten Weltkrieges* mit seinen unzähligen Opfern. Die Bundesrepublik als imperialistischer und hochmilitarisierter Staat (einflußreiche Position in der NATO) wird bei uns verdächtigt, unzureichende Konsequenzen aus dem Zweiten Weltkrieg gezogen zu haben.

Es gibt hier wohl ein sehr bedeutendes Gegengewicht in Gestalt der jahrhundertealten Tradition guter Beziehungen zwischen den beiden Staaten – Rußland und Deutschland. Die Russen als Volk waren immer deutschfreundlich und sind es eigentlich im Grunde trotz der schrecklichen Ereignisse in den beiden Weltkriegen auch heute noch geblieben. Das positive Renommee eines Deutschen (auch eines kapitalistischen) vermag zwar nicht die schlimmen Erinnerungen an die Kriegszeit zu verdrängen, aber irgendwie balanciert es sie. Die Kontakte dieses Jahres mit den westdeutschen Gästen, vor allem aus Anlaß des Milleniums unserer orthodoxen Kirche, haben das erstaunlich hohe Maß an Bereitschaft gerade einfacher sowjetischer Leute zur Versöhnung mit den westdeutschen Christen gezeigt – in der Mehrheit waren das evangelische Pilger.

Damit diese positive klimatische Tendenz aber auch in der Politik festen Fuß fassen kann, sind materielle Schritte der westdeutschen Seite auch in den Fragen der Abrüstung notwendig. Denn merkwürdigerweise, aber doch wohl zu Recht hält man bei uns den Deutschen für einen guten, zuverlässigen Partner, der jedoch gleichzeitig allzuleicht für die Krankheit des Supermilitarismus anfällig ist. Eben deshalb verfolgt unser Publikum – bei aller Billigung der Ergebnisse, die Bundeskanzler Helmut Kohl bei seinem Oktoberbesuch in der Sowjetunion erreicht hat – mit Besorgnis die Pressemitteilungen über die in der NATO geplante Modernisierung verschiedener Waffenarten als Kompensation für den beschlossenen sowjetisch-amerikanischen Vertrag.

IV.

Bekanntlich hat die Politik es sehr oft nicht nur mit Tatsachen, Realitäten, sondern auch mit psychologischen Gebilden, irrationalen Vorstellungen, zu tun. Die letzten können unter Umständen eine gefährliche Rolle spielen. Für unser Thema gilt dies vor allem hinsichtlich der *negativen Klischees und Feindbilder*. Die meisten davon sind zur Zeit des Kalten Krieges entstanden, aber sie erwiesen sich als lebensfähig auch während der Entspannung der 70er Jahre und wurden dann kräftig verstärkt durch die Raketenpolemiken an der Schwelle dieses Jahrzehnts. Zwar nennt niemand mehr im Westen die Sowjetunion das »Reich des Bösen«. Analogien der Perestroika-Publizistik mit der nazistischen Propaganda und des führenden sowjetischen Politikers mit deren Chef sind anscheinend auch aus der Mode gekommen. Aber es fragt sich: für wie lange? Jedenfalls ist das alles in der Sowjetunion nicht vergessen und hemmt beträchtlich die Bemühungen zur Annäherung, Verständigung, Versöhnung.

Unsere sowjetische Seite hält sich auf diesem Gebiet auch gar nicht für schuldlos (Buße zu tun ist bei uns zur Zeit üblich). Übertriebene alarmierende Berichte über Revanchisten und Militaristen, die angeblich in Bonn schalten und walten, stecken noch im Gedächtnis vieler Leute bei uns, besonders der älteren Generationen.

Heutzutage sind energische und zielstrebige Maßnahmen erforderlich, um diese üblen psychologischen Hindernisse zu beseitigen. Unsere Massenmedien tun das mit Beharrlichkeit und Konsequenz. Sie brauchen aber die Unterstützung ihrer Kollegen in der Bundesrepublik. Das ist leider noch nicht immer der Fall. Im ganzen aber ist die klimatische Situation auch in der Bundesrepublik, wie etwa Umfragen zeigen, der Sowjetunion gegenüber merklich günstiger geworden.

Die Sowjetmenschen sind jetzt hinreichend informiert über die Bemühungen einiger Gruppen aus dem evangelischen Spektrum der Bundesrepublik, die eine Versöhnung mit den Völkern der Sowjetunion anstreben. Wieweit diese Tendenz aber von anderen Schichten (etwa von den Katholiken) getragen oder unterstützt wird, darüber hat man bei uns eine ziemlich vage Vorstellung. Noch weniger gewiß ist man sich der Unterstützung dieser Initiative durch die leitenden Kreise und die Regierung. Eine positive Antwort auf diese Frage könnte viele unserer Zweifel zerstreuen und dadurch kräftig zur Lösung *unserer* noch bestehenden Probleme beitragen, die mit der Versöhnung zwischen den Völkern und Menschen unserer Länder zu tun haben.

Leonid G. Istjagin

Zur Zusammenarbeit zwischen dem Belorussischen Friedenskomitee und dem Christlichen Friedensdienst

Mitglieder des Belorussischen Friedenskomitees, das uns während unseres Aufenthalts in Minsk und Chatyn betreut hatte, waren zu einer Auswertungstagung der Pilgerfahrt im Juni 1988 nach Frankfurt gekommen. In einem Brief vom 1.11.1988 faßt das Belorussische Friedenskomitee das Ergebnis der Frankfurter Gespräche wie folgt zusammen (Auszüge):

Das Präsidium des Belorussischen Friedenskomitees hat die Vorschläge zur Zusammenarbeit, die während des Besuchs einer Delegation des Sowjetischen Friedenskomitees unter Beteiligung von Vertretern des Belorussischen Friedenskomitees in der Bundesrepublik vom 22.–29. Juni 1988 seitens der Führung des Christlichen Friedensdienstes unterbreitet wurden, aufmerksam analysiert und betrachtet sie als Zeichen des aufrichtigen Bemühens der Aktivisten des Christlichen Friedensdienstes um die Vertiefung des gegenseitigen Vertrauens und Festigung der brüderlichen Verbindungen zwischen den Völkern unserer Länder. Die Vorschläge des Christlichen Friedensdienstes fanden im Belorussischen Friedenskomitee volles Verständnis und Unterstützung.

Im Bestreben, einen Beitrag zur Entwicklung der Zusammenarbeit mit dem Christlichen Friedensdienst zu leisten, schlägt das Belorussische Friedenskomitee vor, das Augenmerk in erster Linie auf die Verwirklichung folgender Maßnahmen zu lenken:

1. Organisierung regelmäßiger Reisen von Aktivisten des Belorussischen Friedenskomitees in die BRD und Vertretern des Christlichen Friedensdienstes nach Belorußland.

2. Untersuchung der Möglichkeiten des Familienaustausches zur Erholung (in der BSSR – auf der Basis von Betriebserholungsheimen).

3. Verwirklichung (im Rahmen des 1. Punktes) der »Politischen Pilgerfahrt« von Mitgliedern des Christlichen Friedensdienstes nach Belorußland im Zeitraum vom 26. August bis 3. September 1989 im Zusammenhang mit dem 50. Jahrestag des Beginns des Zweiten Weltkrieges.

4. Dem ersten Programmpunkt entsprechend sendet das Belorussische Friedenskomitee etwa April–Mai und Oktober–November 1989 zwei Gruppen aktiver Friedenskämpfer in die Bundesrepublik, die vom Christlichen Friedensdienst betreut werden. Das Programm des Aufenthaltes in der BRD wird vom Christlichen Friedensdienst in Abstimmung mit dem Belorussischen Friedenskomitee festgelegt.

5. Das Belorussische Friedenskomitee und die Belorussische Abteilung des Sowjetischen Friedensfonds unterstützen den Christ-

lichen Friedensdienst bei der Beschaffung von zwei Blöcken hellen Granits aus der Sowjetunion zur Errichtung eines Denkmals für die Kämpfer gegen den Faschismus auf dem Gebiet der Bundesrepublik (am entstehenden »Haus des Friedens«).

6. Der Christliche Friedensdienst untersucht Möglichkeiten, aus seinen Mitteln Hilfe bei der Bereitstellung von medizinischem Zubehör für das geplante Republikkrankenhaus für Invaliden des Großen Vaterländischen Krieges in der Siedlung »Jurzewo«, Gebiet Witebsk, zu leisten. Baubeginn des Krankenhauses ist 1989.

7. Das Belorussische Friedenskomitee unterstützt den Christlichen Friedensdienst bei der Organisation des Studiums der russischen Sprache für aktive Mitglieder des CFD (Beschaffung methodischer Lehrmaterialien, Unterstützung und Organisation von Studienreisen zur Vervollkommnung der praktischen Sprachkenntnisse, einschließlich Studentenaustausch u. a.).

8. Vom 1. September 1988 an organisieren der Christliche Friedensdienst und das Belorussische Friedenskomitee einen regelmäßigen Briefwechsel zwischen Schülern des Belorussischen SSR und der Bundesrepublik Deutschlands.

9. Das Belorussische Friedenskomitee und der Christliche Friedensdienst organisieren den regelmäßigen Austausch von Informationen und Materialien (Broschüren, Plakate, Fotoausstellungen u. ä.) zu Fragen des Friedenskampfes und der Völkerfreundschaft.

10. Das Belorussische Friedenskomitee beteiligt sich an Seminaren, die auf dem Territorium der UdSSR und der BRD von Aktivisten des Christlichen Friedensdienstes und des Sowjetischen Friedenskomitees zu Problemen des Umweltschutzes durchgeführt werden.

I. P. Schamjakin
Vorsitzender des Präsidiums des Belorussischen Friedenskomitees